# 語調聽覺法
## 聽語及口語教學的應用

Verbotonal Speech Treatment

卡爾・埃斯伯（Carl W. Asp）　著

陳小娟　校閱

李昭幸、陳小娟、蔡志浩　譯

# Verbotonal Speech Treatment

## Carl W. Asp

# 作者簡介

**卡爾・埃斯伯**（**Carl W. Asp**）

卡爾・埃斯伯博士任教於美國田納西大學聽力學與語言治療病理碩博士班近 50 年，他的博士學位得自美國俄亥俄州立大學，擁有美國聽語學會頒發的聽力師與語言治療師雙重證照。藉著向聯邦申請的一系列研究經費，探索且開發了語調聽覺法。他與創始者葛柏里納教授密切地合作，將這個方法更向前擴展到聽力損失孩童與成人的創建與復健。擔任語調聽覺法言語實驗室主任期間，他不斷提供研究訊息給研究生與來訪的專業人員。這些年來，他一直以臨床顧問的身分，長期支持世界各地對語調聽覺法有學習意願的診所、學校與大學。

# 校閱者簡介

## 陳小娟

陳小娟教授於 1989 年拿到美國田納西大學聽力科學博士學位，畢業後曾任教於台南大學特殊教育系，目前是高雄師範大學特殊教育系聽力學與語言治療碩士班的專任教授。教授的科目包括聽覺復健、助聽器與聽覺輔助系統、噪音與聽力維護、中樞聽覺處理異常、基礎聽力學等。主要的研究興趣包括電子耳蝸孩童聽覺與說話的長期發展、聽覺保健計畫及其成效、中樞聽覺處理異常的評估與介入、聽覺復健計畫的實施與成效、助聽器的使用與滿意度、不同調頻系統效益的比較與使用現況，以及耳鳴治療成效之比較等。

# 譯者簡介

## 李昭幸

李昭幸老師 1993 年畢業於台南師院特殊教育系，1997 年取得高雄師範大學特殊教育研究所碩士學位，主要的研究著作包括國音中子音和母音最適當的頻率帶，以及聽覺正常者之聽覺中樞能力研究。曾任教聽障學前班 4 年（以聽覺口語法與語調聽覺法為主要的教學方式）、國小啟聰班 5 年，現職國小普通班教師。

## 陳小娟

（同校閱者簡介）

## 蔡志浩

蔡志浩老師 2006 年取得高雄師範大學特殊教育系溝通障礙博士學位，曾獲多種研究著作獎項（中國測驗學會博士論文獎、行政院國家科學委員會碩士論文獎、中國測驗學會碩士論文獎、教育部特殊教育著作學術研究組甲、教育部特殊教育著作學術研究組入選、教育部特殊教育著作實務工作組佳作與台北市教材著作比賽優等獎），也多次在高雄師範大學與樹德科技大學講授聽覺障礙研究、特殊教育、聽覺中樞障礙，以及嬰幼兒聽力學等課程。主要的研究著作包括噪音背景辨識語音測驗編製之研究、聽覺中樞處理功能測驗之發展，以及行為式聽覺中樞處理功能測驗之發展與運用等，現職國小教師。

# 校閱者序

　　克羅埃西亞的葛柏里納教授在1950年左右發展了語調聽覺法，1980年8月號的中文版《讀者文摘》刊登了一篇文章〈耳聾不足畏〉，提到這個方法在歐非亞與南北美洲已有 25 個國家採用，以及它如何成功地幫助了聽力損失的孩童聆聽與說話。在這個方法發展後的 30 年，國人第一次知道原來有一種特殊教學法可以用來促進聽損者的溝通。這之後又過了 30 多年，陸續有多人藉著研習或座談向國人介紹或推廣這個方法。

　　1981 年 2 月黃德業教授在台北一場座談會中以「介紹聾童語言訓練新法——語調聽覺法」為主題向與會者說明這個方法；1991 年 12 月與 1993 年 6 月台南師範大學邀請了美國田納西大學的埃斯伯教授（本書的作者）辦理了各兩天半的研習。之後語調聽覺法的研習、座談與研究在不同縣市陸續開辦，例如：1995 年 6 月台北啟聰學校辦理教學實驗研究（其中一個方法是語調聽覺法）、譯者陳小娟教授以兩年的期間探討語調聽覺法運用在聽損孩童的教學成效（1995~1996）、2007 年 12 月高雄師範大學邀請加拿大籍的羅勃居神父與日本籍的原田英一主任擔任三天研習的講師等。也許是這些研習、座談與研究散在太長的時間，或者是沒有特定的機構整合大家回去後各自運用的成果，也

可能是一直沒有一本中文書系統地介紹這個方法，以致知道這個方法的人還是不多。

本書作者埃斯伯教授在 1970 年代從葛柏里納教授那裡習得語調聽覺法，之後一直致力於推廣這個方法，除了在大學與研究所開設相關課程，也幫助美國多個啟聰學校與公私立聽力語言診所實踐這個教學法。語調聽覺法不只可以用來促進聽損者的溝通，還可以用來幫助因中風而有言語障礙的患者，也可以幫助聽力正常的人學習外語（田納西大學曾多次開辦外語學習班），並且可以運用在助聽器的選配過程。

為了讓更多人了解語調聽覺法，2006 年本書問世，中文譯本則是現在才完成，但這當中並沒有資料太舊或過時的問題，因為語調聽覺法中談到的很多原理，即使在方法被開發後的 60 多年，依然經得起檢驗。

陳小娟

# 前言

Preface

　　寫這本聽覺本位的治療師手冊是為了介紹語調聽覺法。葛柏里納教授於 1954 年在薩格柏開創語調聽覺系統，這個系統包括創建、復健、診斷、外語學習和說話治療，他以這個方法做為教導聽覺損傷者的策略。在過去半個多世紀中（1954 到現在），全世界有超過 50 個以上的國家曾經使用過語調聽覺系統。

　　我和葛柏里納教授在研究上密切合作，也曾與他在許多國家舉辦語調聽覺實務研討會，這些密切的合作關係讓我對語調聽覺系統有整體性的了解。

　　這本手冊裡提到一些策略，可運用於前庭、聽覺、說話、第二語言學習，和處遇工具／計畫，是要提供給聽力學、語言治療、特殊教育、啟聰教育，和其他相關領域的教師和治療師使用。這本手冊是專門用在語調聽覺課程、聽覺復健課程、第二語言學習，以及特別要給語言治療師和教師的個別用途。如果所有的策略和處遇工具都被用到，處遇的結果應當會非常良好，多數孩童可發展出優秀的聆聽技巧、清晰的說話聲和良好的音質。

　　這本書第三章有一個部分專門解釋語調聽覺訓練儀，此儀器運用了進步的聽覺科技，名稱是葛氏全面聆聽系統（System Universal

Audition Guberina, SUVAG）（譯者註：本書中簡稱聽輔儀），在法國的聽輔儀（SUVAG）公司、克羅埃西亞的語調聽覺公司（Verboton Company），以及美國的聆聽公司（Listen Company）都可買到。所有的儀器都有相似的電子音響特色，並且可使用在多種溝通異常者與溝通差異者。

這本手冊使用多種臨床案例來解釋語調聽覺取向（approach），其策略和處遇工具都很有效，例如，身體動作是發展韻律、語調和音質型態的間接方式，並且是有效聆聽技巧與清晰說話型態的基礎；書中也包括了專有名詞的解釋。

語調聽覺的證照可透過國際和美國語調聽覺協會（International and National Verbotonal Societies）取得，這個方法在國際的發展已相當良好。

我將語調聽覺的一些專有名詞做了變動，這些名詞原本是從克羅埃西亞的語言發展而來，例如，本書使用語調聽覺取向（Verbotonal approach）一詞，而不用系統（a system）或方法（a method），希望讀者可接受這些英文的專有名詞（譯者註：在中文譯本中，統一譯為「語調聽覺法」，且 approach 多數時候被翻譯為「方法」）。

以聽覺為本位的語調聽覺取向非常適用於目前蓬勃發展的電子耳蝸和其他聽覺科技。以這種聽覺本位策略來幫助溝通異常者和溝通差異者，其發展有無限潛能，這真是令人興奮的時刻。

　　讀者可自由選擇部分或全部的處遇工具，我的觀點是：全部的組件所提供的處遇會最有效，但是教師或治療師應該為其個案做最好的選擇。

卡爾・埃斯伯（Carl W. Asp）

# 致謝
## Acknowledgments

我要對葛柏里納教授致上最誠摯的謝意，他在 1954 年開創語調聽覺法，他的創造力和領導能力啟發我和其他人致力於這個系統。

感謝克勞帝・羅柏格（Claude Roberge）教授、金楊森（Youngsun Kim）教授與蜜雪兒・卡特勒（Michelle Cutler）博士在編輯方面提供的建議，也感謝他們對我的鼓勵。特別感謝研究助理茉莉・奧斯波芙（Julie Alspaugh）繕打和編輯此手冊，她每天的努力都十分傑出。

感謝蕾斯莉・魯克（Leslee Rook）、茉莉・奧斯波芙、阿拉斯（G. Aras）、凱西・戴維斯（Cathy Davis）、艾莉森・道爾（Allison Dowell），和金楊森教授的特別貢獻，也感謝瑪德蓮・克萊恩（Madeline Kline）和約翰・貝里（John Berry）所提供的訊息。

謝謝朗・厚德（Ron Holder）和派德・艾金森（Pat Adkinson）在準備手稿時給予技術上的協助，感謝那些在我課堂中將手稿內容以真實案例做練習與運用的大學生，也謝謝所有上過語調聽覺課程的學生。

感謝田納西州諾克斯郡立（Knox County, Knoxville）學校系統、邁阿密戴德學校系統（Miami-Dade School System）和布朗特聽力與言語中心（Blount Hearing and Speech Center）運用語調聽覺法，也謝謝世界各地使用語調聽覺法的教師和治療師。

我摯愛的妻子珍（Jan）啟發我完成此手冊，我要對她致上特別的謝意；也感謝我的五個孩子比爾（Bill）、雪南（Shannon）、派曲克（Patrick）、凱西（Kathy）和傑西（Jessie）與我的妹妹南西・巴克（Nancy Parker）的鼓勵，家人的強力支持是我動力的來源。

# 目次

Contents

# 1
# 語調聽覺法的介紹

　　語調聽覺法是個聽覺本位（auditory-based）的策略，目的是將聾或重聽孩童以及成人的聆聽技巧最佳化，同時也透過雙耳傾聽來發展清晰的口語。語調聽覺法重視孩童對於說話韻律和語調的聽覺接收與言語產出，而要發展良好的聆聽技巧和清晰的口語必須以此為基礎。

　　田納西州的諾克斯郡立學校（Knox County Schools）和佛羅里達州的邁阿密戴德公立學校（Miami-Dade Public Schools）都已成功的在學校課程中採用語調聽覺法。透過整天的課程教導聆聽技巧和說話技巧，這些技巧幫助了孩童，使他們得以在普通班的最小限制環境中學習。治療師具有錯誤分析與使用處遇工具的能力，他們能夠為每個孩童執行有效的處遇計畫，而父母也被納入孩童發展的所有階段。

　　此書將回顧語調聽覺法的歷史、策略、處遇工具、程序和活動方案。本書作者以自己對於語調聽覺法介入的詮釋來說明語調聽覺法中的前庭、聽覺、說話和第二語言學習的處遇策略，可能會和其他語調聽覺法主張者的觀點略有差異。

　　語調聽覺法在 1939 年起源於克羅埃西亞，當時彼得・葛柏里納（Petar Guberina）教授開創了以聽覺為本位的外語教學策略，憑藉的是發展良好的聆聽技巧。1954 年，葛柏里納教授將這個聽覺策略擴大，拿去教導聽覺損傷和

其他溝通問題的孩童和成人，他稱呼此法為語調聽覺法（Verbotonal Approach）。1963 年，本書作者加入葛柏里納教授一起發展臨床研究計畫，在美國啟用語調聽覺法（Asp & Guberina, 1981），主要目標是使聾或重聽孩童和成人的聆聽技巧有最好的表現（最佳化），並且也藉著雙耳的語音刺激發展良好的口語。

在這個目標之下，語調聽覺訓練儀器被建構起來，以促進孩童和成人的聆聽技巧。儀器的組成包括一或兩個麥克風、一副雙耳耳機、過濾器和一個手腕振動器，這組儀器可讓孩童同時感受到並聽到治療師的語音示範、同學的反應和自己的口語。聽輔儀可幫助孩童適應個人助聽器或電子耳蝸，方式是強調孩童的殘存聽力，並透過聆聽來矯正他錯誤的說話聲。

就極重度聽力損失的孩童而言，許多研究者一致指出，電子耳蝸孩童的語音接收與說話表現比配戴助聽器的孩童好（Osberger, Robbins, Todd, Riley, & Miyamoto, 1994; Tobey, Geers, & Brenner, 1994）。然而，Pisoni 等人（2000）的研究指出，有些電子耳蝸使用者有「明星」的表現，但有許多人並沒有發揮其潛能。這表示較不成功的電子耳蝸使用者，其聆聽技巧沒有被完全發展出來，需要更有效率的聽覺策略。建立有效率的聆聽策略對多重障礙者也很重要，例如，個案有耳蝸損傷與前庭弱勢（Guberina, 1972），對於其前庭弱勢，可將身體動作當作目標，做為口語發展的一部分。

聽力正常的年幼孩童在理解有意義的口語時，是透過感覺、聽覺和視覺的多重感官輸入，得到的結果是感覺統合（sensory integration）（Ayres, 1978）。透過感覺統合，孩童大腦的神經可塑性（neuroplasticity）會發展出新的神經路徑，並擴展其學習潛能（Ryugo et al., 2000）。語調聽覺法是以孩童大腦的神經可塑性為根基，尤其是在語言學習的關鍵期。這個方法的設計是提供孩童聽覺皮質（聽覺）和相關感覺區域（前庭和說話）之間的重要連結；簡單的說，就是孩童大腦、身體和舌頭之間的連結。此策略採用漸進改變的方式，從多重感覺（感覺、聽覺、觸覺和視覺）開始，之後一面減少視覺和觸覺線索，一面不

讓孩童或成人感到挫折，最後進展到單一感覺（聽覺）的語音輸入。電子耳蝸使用者若採用單一的聽覺輸入，會以較快的速度進展到較高層次的聽覺技巧。

本書作者以語調聽覺法的臨床實務經驗、洞察和持續的研究為根基，目的是要呈現一種處遇策略，以之改善聽力損失孩童和成人的聽覺和說話技巧（Asp & Guberina, 1981; Asp, 1985）。語調聽覺法目前除了被運用在公立學校、私人中心和美國一些大學的方案中，也被其他國家使用（如，法國、西班牙、義大利、俄國、巴西、塞內加爾、埃及、日本和台灣等）。

語調聽覺法分成前庭、聽覺、說話和第二語言學習等策略、以及與其相關的處遇工具，這些工具強調孩童的韻律和說話型態，因為韻律和說話型態是聆聽技巧和說話技巧的基礎。雖然後續章節中是逐項敘述，但是這些工具在處遇過程是同時運用，例如，孩童在治療師提供身體動作的刺激（前庭）與口語矯治（說話）的同時，也戴著雙耳耳機（聽輔儀的一部分）。因為順序很重要，所以在後面的文章中，會提到如何依照順序使用這些工具。

本書使用「治療師」一詞代表處遇的提供者，因此可能是教師、治療師等。接受處遇的孩童或成人通常在此書中用「他」來稱呼，另外，「母親」一詞則代表的是孩童的照顧者。這些通稱並非要侵犯或忽視任何人，只是用來簡化解釋，並且維持著全文前後的一致性。

## 身體動作和前庭訓練的歷史

1954 年，葛柏里納教授把原本用來教外語（法語、西班牙語和義大利語等）的聽覺本位策略，運用在聽覺損傷成人的聽覺接收上，他使用音響過濾器，讓正確接收時務必要聽到的母音和子音得以被強調，他稱此方法為語調聽覺法（系統）。

1957 年，葛柏里納教授把聽覺策略擴展到聾或重聽的孩童，這些孩童每天接受韻律和語調型態的刺激，以八至十個孩童的團體課方式進行。身體動作

被加到處遇策略中，並且他將語音理論與魯道夫・拉本（Rudolph Laban）的舞蹈動作理論予以結合。拉本是一位有名的匈牙利舞者，他將工人每日例行作業中有效能且優雅的動作融進他的舞蹈方案中。葛柏里納教授結合拉本的舞蹈方案（Laban's Dance Program），發展出一套身體動作方案。

為了執行這個策略，葛柏里納教授和克羅埃西亞的芭蕾舞者維斯納・賓塔（Vesna Pintar）女士合作，她當時在薩格柏（Zagreb）大學研究語音和動作之間的關係。他們一同製作了示範錄影帶，其中每個母音都有各自最適當的身體動作可做為刺激。例如，發母音 /i/ 時，賓塔女士把雙手移到腰部以上，用以建立更多緊張度；而發母音 /a/ 時，她則是在腰部位置張開雙臂，用以製造較低的緊張度。1975 年，本書作者在美國與其臨床同事，修改這些身體動作，變成以參數為本位（parameter-based）或以音素為本位（phoneme-based）（Asp, 1985）。例如，在參數本位中對於時距的刺激（stimulation of duration），治療師採用的方式是水平移動手臂，並和諧地發出長的 /a/ 音，接著發出短的 /a/ 音；在音素本位的刺激（phoneme-stimulation）中，她會打開雙臂，同時發出母音 /a/。參數本位與音素本位很相似，動作都較不緊張，並且是在一個水平的位置做動作，差異只在於二者所要強調的各不相同，治療師可依據特定的參數或音素來做選擇。

## 參考文獻

- Asp, C. W. (1985). The verbotonal method for management of young hearing impaired children. *Ear and Hearing, 6*(1), 39-42.

- Asp, C. W., & Guberina, P. (1981). *Verbotonal method for rehabilitating people with communication problems.* New York, NY: World Rehabilitation Fund.

- Ayres, A. J. (1978). Learning disabilities and the vestibular system. *Journal of Learning Disabilities, 11*, 18-29.

- Guberina, P. (1972). *The correlation between sensitivity of the vestibular system, and hearing and speech in verbotonal rehabilitation* (Appendix 6, pp. 256-260). Washington, DC: Office of Vocational Rehabilitation, Department of Health, Education, and Welfare.

- Osberger, M. J., Robbins, A. M., Todd, S. L., Riley, A. I., & Miyamoto, R. T. (1994). Speech production skills of children with multichannel cochlear implants. In I. J. Hochmair-Desoyer & E. S. Hochmair (Eds.), *Advances in cochlear implants* (pp. 503-508). Wien, Germany: Manz.

- Pisoni, B. D., Cleary, M. C., Geers, A. E., & Tobey, E. A. (2000). Individual differences in effectiveness of cochlear implants in children who are prelingually deaf; new process measures of performance. *Volta Review, 101*(3), 111-164.

- Ryugo, D., Limb, C., & Redd, E. (2000). Brain plasticity. In J. K. Niparko, K. I. Kirk, N. K. Mellon, A. M. Robbins, D. L. Tucci, & B. S. Wilson (Eds.), *Cochlear implants* (pp. 33-56). Philadelphia, PA: Lippincott Williams & Wilkins.

- Tobey, E., Geers, A. E., & Brenner, C. (1994). Speech production results; speech feature acquisition. *Volta Review, 96*, 109-129.

# 2

# 前庭策略：在動作中發聲

　　正常發展的嬰幼兒在前語言階段，會一面發出口語一面自然而然地做出身體動作。孩童的前庭系統將觸覺、本體覺（proprioception）、聽覺和說話等在同一時間予以協調，並且創造出和諧，提供說話動作回饋（見圖 2-1）。動作的協調與控制是由全身的身體動作開始，之後才是口語動作的語音控制（oral-motor speech control）。簡言之，當孩童在聆聽聲音時，藉著身體動作的幫助，學習到有效的口語動作語音控制。

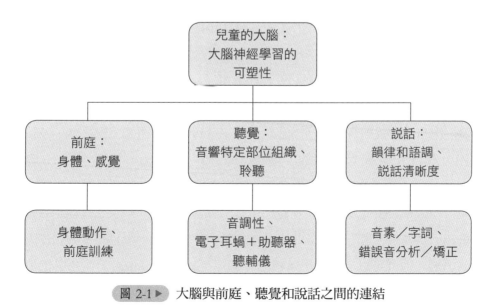

圖 2-1 ▶ 大腦與前庭、聽覺和說話之間的連結

　　肌肉張力的改變與緊張度的持續是正常孩童動作技巧發展的一部分，孩童先會爬行，再來是走路，之後會跑步，這些動作都伴隨著發聲。較大的身體動作與孩童的身體、舌頭和耳朵產生較強的連結，例如，增加整體肌肉的緊張度會直接影響舌頭、聲帶和其他構音器官精細肌肉的緊張度，因為身體和構音器官呈現著和諧狀態。一旦孩童建立了正常的口語動作說話型態，就提供了未來說話類型處理與控制的良好基礎。

　　標準的前庭訓練提供了多感覺的輸入訊息，包括觸覺、本體覺、聽覺和視覺等（Aras, 2000; Palmer, 1999; Pansini, 2000; Fisher et al., 1991）。這些訓練可以發展爬行、匍匐爬行和腳尖接著腳跟行走等粗大（身體）的動作技巧，這些粗大動作是以正常發展孩童的動作里程碑（motor milestones）為依據（Palmer, 1999）。有些研究指出聽力損失孩童的動作技巧有缺失，例如平衡、快速移動與複雜的動作等（Ayres, 1978; Guberina, 1972; Horak et al., 1988），語調聽覺法的前庭訓練中，會要求孩童一面做動作，一面和諧地發出聲音。例如，治療師腳尖接著腳跟每走一步，就發出一個 /pa/ 音，孩童一個個跟著做，也就是模仿治療師說 /pa/ 並且搭配著腳尖連腳跟的方式行走，同步進行口頭發聲和身體動作，讓孩童有機會以和諧的方式練習說話和控制動作。

　　當孩童直線行走並控制身體時，處遇就可進展到以全身動作來練習說話，孩童或站或坐，以半圓形方式圍著治療師（Asp, 1985; Asp & Guberina, 1981; Sussman, 1996）。這些身體動作是用來強化發音和身體的連結，也用來幫助孩童發展出自然的說話音質。治療師在教學時用到韻律、語調、緊張度、停頓、時距、響度和音調等七個說話參數，例如，治療師一邊做動作一邊說 /mamamama（停頓）ma/，這種多對一的音節變化練習，加強了說話參數中的韻律、停頓和緊張度。用整個身體動作發出聲音可以幫助孩童學會控制聲音的長度和節奏型態，也可更有效的學會在說話中稍做停頓。一旦孩童的動作記憶得到發展，他就可以自己發出這種語音韻律（speech rhymes），而不必治療師示範。

因為孩童將注意力放在身體動作而非說話機制，所以前庭身體動作可視為是語音產出的間接刺激，以這種策略來修飾孩童的發音是更自然的方式。七種語音參數的各個項目可以透過身體動作個別加強，但多半都和其他說話參數有所連結，例如，治療師一面從低音調到高音調說著 /i/ 的語音，一面高舉雙手並且左右掃動，當孩童模仿治療師時，他的全身緊張度增高，有助於他接收及發出上升的語調型態；如果孩童需要更多的語音輸入，戴上手腕振動器就可以感受到語調的上揚。以身體動作和振動觸覺的回饋來教這七種說話參數，可有效地為孩童建立前語言的韻律和語調類型，而這都是未來聆聽（聽覺）技巧的基礎。

一旦說話型態的接收被建立，身體動作就會更加以音素為本位，並且說話中的協同構音型態會更強調個別音素，例如發母音 /i/ 時，身體動作的緊張度較高，而母音 /a/ 的緊張度則較低；鼻音 /m/ 需要將身體動作持續比較長的時間，但是緊張度較低，而 /n/ 則相反，時間較短，緊張度較高。語調下降時，字首子音的緊張度比字尾的子音高，而這些不同的緊張度可以幫助個體發展出正確接收與產出（perception and production）不同協同構音型態的能力。

就實務面而言，改良後的前庭訓練和身體動作，對嬰兒、幼兒和學前孩童都很有效，因為對幼兒既有趣又有意義。進行學前孩童的小團體練習時，友善的同儕競爭可以讓孩童整節課都不斷說著語音並且保持警覺。動作也可針對年紀或動作難易層次不同的個別處遇做調整，例如，治療師在嬰兒發喃喃語時，移動其大腿；幼兒則可坐直，用手部接收相似的刺激；最後，當孩童會獨自站立時，就可進行全身的動作，並且當孩童在模仿動作時，由他帶頭做自己的動作。一旦家長接受了治療師的特別訓練，上述的身體動作就可移轉到家中做。

身體（前庭系統）和耳朵（聽覺系統）都提供訊息給大腦，得以處理與說出口語（見圖 2-1）。在發展上，胎兒和幼兒的身體主控著感覺輸入，方式是透過動作的感覺和皮膚的接觸。後來，感覺輸入被統一化，耳朵（聽覺系統）成為接收和發出聲音的主控感覺系統。

　　動作里程碑如同發展里程碑一樣，大部分的孩童都可達到各個年紀的水準，這些里程碑提供了動作發展的群體標準，例如，九個月的幼兒多數都會匍匐爬行，而大約四歲才會腳跟接著腳尖走路。

## 身體、舌頭和耳朵的連結

　　前庭系統主要功能是在空間中感知身體的動作（位置、加速、減速），以及感知重力對孩童身體的效果（the effects of gravity）。在周圍系統中，前庭是內耳的一部分，它連結著耳蝸，分享著同一個進化發展和胚胎起源，聽覺從前庭知覺延伸而來，因此，二者和諧地運作，同時感覺到且聽到說話聲（Aras & Asp, 2005）。

　　在周圍系統中，透過低頻率的語音型態，前庭和耳蝸這兩個器官同時被韻律和語調的變化所刺激。前庭末端器官（vestibular end-organ）的球形囊對低頻率的說話韻律很敏感，例如，在母親的子宮內，胎兒可以感受到母親口語型態的說話韻律，出生後，當媽媽緊抱著他時，嬰兒仍可感受到同樣的說話韻律，透過這些說話韻律的感受，嬰兒開始發展出本體記憶（proprioceptive memory），提供了後來發展聽覺記憶的基礎。簡言之，他之前所「感覺」到的，之後被「聽」到（Aras & Asp, 2005）。

　　如同耳蝸一樣，前庭系統的中樞部位遠比周圍系統來得重要，因為它是所有感覺的統整器與組織器，空間知覺於是產生：先是在腦幹，接著在皮質。這也是為什麼我們要訓練和刺激前庭知覺的原因，也就是要經由孩童的身體來統整所有的感覺輸入訊息。當前庭訓練、身體動作和諧地搭配著發聲時，神經系統因神經可塑性而發展出新的突觸（synapses），並且連結其他的神經元；於是說話韻律得以經由本體覺和前庭末端器官被接收（Aras & Asp, 2005）。

## 前庭對說話聲的處理

　　如前所述，身體、舌頭和耳朵間的連結是經由大腦的神經可塑性建立。當身體動作進行時，肌肉類化（muscular generalization）讓周圍系統肌肉群（muscle groups）的肌肉緊張度自動被移轉到舌頭、下顎、上顎和聲帶等結構的內在肌肉群。孩童因此感受到說話韻律，但是並不知道彼此間的關聯。總結來說，透過同時的身體動作與發聲型態，孩童發展出在空間中的整體定位能力。

## 前庭系統

### •⟩⟩ 前庭耳蝸聽覺

　　因為前庭末端器官和耳蝸的位置相近，所以語調聽覺法將前庭系統在聽覺中的角色予以發展（見圖 2-1）。孩童的大腦對 2 至 20000 Hz 的寬頻聲音很敏感，前庭末端器官對 2 至 1000 Hz 的音響（acoustically）有反應，耳蝸則對頻率 20 至 20000 Hz 的說話聲有反應，所以 20 至 1000 Hz 是這兩個器官的頻率重疊範圍。語音中，前庭和聽覺系統兩者處理的是頻率 300 Hz 以下的韻律和語調型態，至於耳蝸則是對準語音音素（英語 43 個音素）在頻率 300 Hz 以上的音調性做處理；聽輔儀可輔助孩童發展這些特定的接收能力，本書後面的章節會做更多說明。

### •⟩⟩ 前庭和平衡之評估

　　因為前庭系統是語調聽覺法整體的一部分，所以正確診斷前庭的功能非常重要，如果可能，評估應包括眼震圖（electronystagmography，簡稱 ENG）和穩定儀（stabilometer）。ENG 是測驗眼球在某些情境的快轉與慢轉期反應，情

境包括身體旋轉或冷熱刺激（溫水或冷水），或從亮室進入暗室。藉著這些刺激對孩童眼球所造成的動作反應，可以測得周圍和中樞前庭系統的功能。

穩定儀用來測驗年齡較大的孩童，他們站在已被校正的平台上，透過平台的移動測得孩童的平衡能力。若孩童的平衡感不錯，當平台傾斜時，他會快速調整自己的位置；若孩童平衡感不好，就無法很快調整自己的位置，而失去平衡，並且可能從平台上落下（Aras & Asp, 2005）。

其他的評估程序包括身體動作測驗，由物理治療師、職能治療師或耳鼻喉科醫師進行，包含在不同長度和寬度的平衡木上以腳尖接著腳跟行走、匍匐爬行、四肢爬行、跳躍等動作測驗，這些測驗是前庭訓練測驗庫（Vestibular Exercises Test Battery）標準化評估的一部分，或是歐澤瑞斯基測驗（Ozeresky test）的一部分，或是畢保德語言測驗（Peabody Language Test）的一個分測驗。將這些動作測驗的結果拿來與聽力正常的嬰兒、幼兒、孩童之動作里程碑比較，由於每個測驗都有各年齡常模可參考，從中可以知道孩童的發展水準，關於孩童的動作水準對比於同儕究竟如何，常模提供了十分有用的訊息（Aras & Asp, 2005）。

## •ᴼᴵᴵ 前庭弱勢：平衡與協調問題

當聽力損失是 50 dB HL（分貝）甚或超過時，孩童的前庭敏感度和平衡感通常會顯示出弱勢，或者是敏感度下降，因此極重度聽力損失（超過 90 dB HL）的孩童，前庭損傷的出現率更高。在美國，大多數的聽力師和醫師不會特別去評估孩童的前庭敏感度、空間知覺或動作技巧，但克羅埃西亞薩格柏的語調聽覺聽力與言語中心有針對障礙的孩童進行前庭評估。

聽力正常孩童也會有敏感度低落的情形，孩童如果有嚴重的語言異常（language disorders）、中樞聽覺處理異常、注意力缺陷異常、注意力缺陷與過動異常、學習障礙等，他們對說話節奏的韻律和語調的處理通常有困難、聽覺記憶下降，並且可能會有前庭弱勢（vestibular weakness）。

　　無論有無聽力損失，前庭弱勢孩童大腦的神經可塑性都會發展出新的樹狀突連結，大腦（中樞神經系統）會補償周邊的前庭弱勢，這個補償可經由語調聽覺法的前庭策略而促進。語調聽覺法強調前庭訓練和帶著發聲的身體動作來改善孩童的知動（motoricity）、空間定向（orientation）和記憶廣度。身體（前庭系統）和耳朵（聽覺系統）提供感覺訊息給孩童的大腦，做為訊息處理與口語化表達的用途，所以都是語調聽覺法的重要成分。

## 身體和空間知覺

　　如前所述，胎兒在母親子宮內移動而對空間發展出三度空間知覺，即空間體感覺（spacioception）。早期的經驗是出生後三度空間知覺的基礎，在嬰兒期，空間知覺開始擴展，包括五種感官的輸入：（1）觸覺、（2）本體覺、（3）前庭感覺、（4）聽覺，與（5）視覺等。

　　說話的最高層次是空間文法，在前語言時期，空間語法是孩童在發喃喃語時，一連串音節暫時組合而成的說話節奏，這些音節排列提供了自然口語文法規則的基礎。這些說話音節隨著時間在空間中出現，嬰兒用咕咕語、喃喃語、帶著情緒的聲音與模仿，來創造出難懂語（jargon），多數成人都聽不懂，但是這個難懂語卻遵循著超語段的說話韻律。如果孩童在說話表達和知覺間的連結較差，通常其基本說話節奏的發展也會較遲緩，一旦嬰兒內化文法規則後，他將會開始發出更多字詞的組合，並且空間文法會擴展到字詞和句子層次。

### ·))) 觸覺和本體記憶

　　碰觸的感覺輸入是說話接收和表達的重要管道，來自於身體動作的感覺和碰觸覺包括了多種構音器官，例如，舌頭、牙齒和軟顎等，當舌頭經由口腔移動到不同的協同構音型態，孩童就會接收到觸覺和本體覺的輸入訊息，而發展出記憶型態。

輸入大腦的本體覺來自於對身體重量、姿勢、動作和空間位置等的察覺，而這又和孩童四肢狀態（位置）與身體姿勢的察覺有密切的相關，例如，閉著眼還是說得出在伸展手臂末端的食指，其位置與動作如何。同樣的，口腔也有相似的知覺，例如，舌頭與雙唇在一串音節的協同構音中，其姿勢與動作的本體覺有助於發展孩童的本體記憶。如果孩童有聽覺損傷，聽知覺的連結因而薄弱，欠缺特殊的處遇就無法發展出清晰的語音。

五至十個音節的本體記憶可在孩童的大腦中形成「記憶圖」，有了「記憶圖」，孩童可以說出正常的說話型態，每秒可說出 15 個音素，這種本體覺的記憶圖也被用來做為發展孩童聽覺記憶的基礎。以此類推，「說出這首旋律的歌名」（Name That Tune）是電視上的一個遊戲節目，需說出知名曲調的歌名，有些參賽者只聽到歌曲前面的兩個音符就能正確說出歌名，這種高超的記憶技巧是在孩童期發展而來：孩童帶著高昂的情緒，經常和著他人齊聲高唱。此種重複的唱誦就是孩童聽覺記憶的根基，然後到了青少年時期，他們能夠只聽到前兩個音符就回憶起他喜愛的歌曲，這種本體回饋是聽覺記憶得以精煉的基礎。

## ·)) 肌肉類化

語調聽覺法是以嬰兒與幼兒如何邊動作邊發聲為基礎，他們的動作和口語和諧地連結著，例如，若嬰兒發出很長的聲音，同時他也會做出一個較長時間的動作，若發出短而快速的聲音，他的動作就會小且快。孩童的身體動作會影響說話動作型態的品質，肌肉類化指的就是這個意思。

肌肉類化是用來說明孩童的身體動作會影響說話的動作型態，也是使用身體動作做為處遇工具的潛在原則，例如，吃完東西後，嬰兒的身體非常放鬆，所以他會緩慢地舞動他的四肢，並且降低口語的音調，發出低緊張度的母音 /a/ 和低緊張度的子音 /m/，他的喃喃語會是緊張度很低的 /mamamama/；相對的，若嬰兒肚子餓且很疲倦，身體的緊張度和音調都會上升，動作變得短、快、緊張，例如一面哭一面發出 /ʌʌʌʌ/ 的聲音。

　　肌肉類化的另一個例子如下，有個陣攣障礙（clonic block）的孩童想要說「哦，真是的」，但是因為口吃，他重複說著第一個字的母音 /o/，而無法切換到下一個詞「真是的」。重複發 /o/ 的聲音會造成身體和聲帶的過度緊張，如果降低身體的緊張度，口語緊張度也會降低，他就可以說出「哦，真是的」一詞。為了從一個音節或音素流暢地說到下一個音節或音素，必須降低口語的緊張度，在口吃治療中稱此為「放鬆接觸法」（loose contact）。

　　前面已提到，肌肉類化是以身體動作做為處遇工具的基本原則，用來改善說話的接收與產出。身體動作間接影響孩童的構音和口語的型態，並且促進本體記憶，例如，從右邊到左邊用手臂在水平方向慢慢做一個較長時間的動作，並且同時持續發出母音 /a/，這是個間接刺激，因為孩童把注意力集中於模仿治療師的身體動作，而未察覺他的口語型態正在變化著。

　　經由身體動作，孩童的口語型態被間接刺激，這是個發展自然音韻、語調與音質的有效策略。這種間接的動作策略與發音部位處遇策略（phonetic placement treatment strategy）相反；發音部位處遇策略用鏡子來告訴孩童如何將舌頭和嘴唇擺放在適當發音部位，進而發出個別的語音，這種策略假設孩童在一系列的說話聲中可以記得一個又一個的語音構音位置，例如一秒說 15 個音素。相反地，語調聽覺法藉著身體動作的間接刺激來教導一連串音素的協同構音。

　　幼童喜歡身體動作，有效率的治療師可在八個三歲孩童的小團體課中進行兩小時的身體動作課程，這種同時結合了動作與發聲的處遇策略，對嬰兒、幼兒和年紀較小的孩童，既好玩又自然。即使是胎兒，當他在母親的子宮內感受與聽到母親的聲音時，也會做出伸展手臂和腳的反應。嬰兒持續著邊動作邊發聲，這是正常動作發展的一部分，而動作也刺激了整體的成長和協調。

　　孩童常常動來動去，相反地，成人坐著的時間比站立或走動的時間多，例如，治療師用成人治療模式教孩童時，她與孩童都要坐在椅子上，沒有身體動作。這種典型的成人本位治療方式，對孩童而言一點也不好玩，因為孩童無法

長時間久坐，也不會舉一反三地把課堂的練習移轉到其他情境。在語調聽覺法中，治療師在課堂中不會用到椅子，而是在地板上做身體動作，間接地控制孩童的口語型態與舌頭動作，這樣對治療師和孩童都更好玩，雙方都更有動機，並且孩童對於模仿治療師的說話節奏會更有自信。

身體動作結合著口語與協同構音型態，提供大腦同步的輸入，有助於本體記憶的發展，達成適切的動作里程碑，孩童自動用他的「動作圖」來記取如何發出適當的韻律、語調和音素型態。

在說話表達方面，孩童的大腦藉由觸覺和本體回饋，同時處理身體動作和構音器官的運作。為了要接收他人的說話節奏，身體就如同一個共鳴器，例如，孩童發低頻共振的母音 /a/（低於 800 Hz）時，在肚子部位「感受」到低音調；發高頻率子音 /s/（在 6000 Hz）時，在頭部「感受」到高音調。身體彷彿一個共鳴器，孩童的身體提供回饋，有助於接收他人的說話型態。

聽輔儀的振動器幫助孩童以身體感受治療師的口語韻律，而以耳機接收治療師的語音。振動觸覺的語音輸入可幫助孩童，使他們的語音接收與產出能和身體動作（自己的與治療師的）和諧。

## 前庭創建

聽覺創建的目標是讓身體對說話韻律的感覺以及讓耳朵對說話韻律的聽取都能達到最大化，前面提到，這些「感覺」是同時藉著身體動作與振動器的振動輸入來達成目標。聽輔儀中的振動器，可先使用「音響板」（sounding board），年幼的孩童躺或坐在音響板上，當他發出聲音時，透過全身來感受自己發出的說話韻律。

之後，振動器被置放於嬰幼兒的手腕或腳踝，提供振動觸覺的輸入，對應著孩童與媽媽或與治療師的對話，幫助孩童聽取與發出語音的韻律。振動器就好像是媽媽抱著孩童說話時所提供的回饋，當說話時，孩童可以感受並接收說

話的韻律。

　　嬰兒或幼兒的處遇包括同時給予前庭（身體動作）、聽覺（聆聽）與說話（發出聲音）等刺激。例如，一面發出聲音，一面高舉雙手，身體的緊張度會升高，或是發出聲音時用力以一隻手推另一隻手（等量的緊張度），這兩種方式都會增加身體的緊張度，但孩童看到的是不同的動作；治療師強調的是增加身體緊張度，而不是特定的動作。一旦孩童可以穩固的發出聲音和接收聲音，就不需要以身體動作輔助發出正確音素。

## 在空間中的前庭訓練：邊做動作邊發聲

　　在語調聽覺法中，動作採漸進式，從前庭訓練的走直線開始，進展到在圍著的圓形裡做出有控制的身體動作。前庭訓練是以嬰幼兒的成熟與平衡技巧為基礎，這些練習包括向前走、倒退走（以腳尖接著腳跟的步法在平衡木或地板上的線上行走）、左右來回走、以背部翻滾、跑步、跳躍等，物理與職能治療師都用這些前庭訓練來發展孩童的動作技巧和平衡。孩童的動作技巧（動作型態）和孩童的韻律與說話節奏密切相關，只要動作技巧改善，說話型態的聽與說也會跟著改善。當語調聽覺治療師運用到前庭訓練時，會一邊動作，一邊發出口語，提升孩童的記憶型態。

### •)) 語調聽覺前庭訓練

　　在薩格柏語調聽力與言語中心，治療師用前庭訓練發展孩童的平衡、建立中樞監控系統的輸入管道，並且在空間知覺中增加前庭輸入的訊息。這些練習都是身體的遊戲，且都在孩童身體潛能（physical potential）內，包括跳繩、繩子擺動時改變位置或方向、在平衡木上張眼或閉眼行走、改變方向、在十字板上轉變方向、在地板上前滾和後滾、以跳兩下或跳四下的方式跳完一圈，這些前庭訓練依困難度分三個層次呈現。

第一個層次是分析策略,用五種感覺中的每一種,逐漸加入新的練習直到孩童表現出現困難為止。接著,當孩童的表現有進步時,才把相同難度的練習加進來。雖然這些練習包括了視覺、聽覺、本體覺和觸覺的面向,但前庭感覺的練習是最重要的部分。

第二個層次是同步刺激所有的感覺,一開始只用到少數感覺,但只要孩童有進步,就加入其他感覺,以漸進方式建立刺激。

第三個層次是整體的策略,用來發展孩童在每天生活情境中自動的動作行為,因為這個策略是要整合輸入的感覺,而前庭訓練可以幫助他重組自動的動作行為,並且類化這些技巧到每天的生活情境中。所有的前庭訓練都是邊動作邊發出聲音,動作和發聲的組合可協助建立動作的本體記憶型態。

## ·)) SMART 課程

物理和職能治療師用各種不同的前庭方案和課程來發展幼童的動作里程碑,這些都是依據個別孩童的動作層次來設計,例如,早期階段的里程碑包括四肢爬行和匍匐爬行,之後的里程碑包括難度較高的動作,像是在平衡木上以腳尖接著腳跟的方式行走,走平衡木需要更高層次的平衡、協調和力氣,在粗大動作的里程碑後接著發展的是精細動作,如握鉛筆寫筆順或注音符號。

SMART（The Stimulating Maturity through Accelerated Readiness Training,簡稱 SMART）（Palmer, 1999）課程是一種透過加速成熟訓練來刺激成熟度的前庭方案,在諾克斯郡立學校系統（Knox County School System）中,物理與職能治療師以這種方式來發展動作里程碑,幼兒園和國小一年級的學生都要上這個課。如果能夠幫助孩童發展在空間中控制自己身體動作的能力,並且也能達到動作里程碑,那麼就等於是為這些孩童日後更長時間參與桌邊活動與學習做好了準備。

運用語調聽覺法教導聽覺損傷孩童的治療師也用到 SMART 課程（Palmer, 1999）,治療師教導孩童一邊做動作,一邊發出口語,以之發展說話韻律與語

調的本體記憶。

## •))) 排成直排做動作

　　起先，前庭動作是以在一直線上做活動為目標，之後才在圓形中做動作。第一個層次是聲音有無（on-off stimulation）的活動，治療師發出聲音，孩童就跑，沒有聽到聲音就靜止不動，每個孩童都從振動器感受到治療師是否發出聲音，因此孩童跑步是因為感受到說話型態。一旦成功學會感受聲音的有無，就進展到多對一的聲音活動（many-to-one syllable rhythm），例如，如前文所述的 /mamamama（停頓）ma/，孩童聽到 /mamamama/ 時，跑幾步，中間停下來，然後跟著最後一個 /ma/ 再跑一步。這是孩童學到的第一個韻律，從多個沒有控制的音節到一個有控制的音節。低音鼓也可用來教這個簡單的韻律，所有孩童都能輕易地感受到鼓的低頻率，他們能學會依著鼓聲的韻律來做動作，鼓聲刺激他們做出全身的身體動作，建立起基本的韻律型態。

## •))) 圍成圓形做動作

　　孩童面向治療師圍成圓形做身體動作，這需要較高層次的身體刺激，因為每人都站或坐在固定的位置，他們需要在空間中對身體做更多的控制，有些治療師用小方塊地毯來讓孩童維持在自己的位置裡。在這個層次中，參數本位與音素本位的刺激都會用到；動作進展則是從前語言（preword）層次進到字詞層次與句子層次。

　　通常孩童圍成一個圓形，治療師一開始是坐著做身體動作，大部分的動作都只用到上半身，但是腳的動作可以加進去，例如從伸直腳改變成曲膝的動作。每改變一個動作就同時發出一個短的音節，孩童模仿治療師的每個動作與聲音，當孩童學會更多協調能力、動作技巧與自信後，治療師就可以站著做身體動作，站立時做的動作和坐著時做的動作得到的效果相同。

## 在空間中的身體動作：邊做動作邊發聲

### •)) 參數本位的身體動作

治療師根據參數刺激的原則，以身體動作來建立韻律和語調型態。時距參數（例如長時間的動作對比於短時間的動作）是很好的開始，治療師將手臂水平地從右邊移動到左邊，並發出持續的母音 /a/；接著她從長的發聲時距所搭配的長音 /a/，變換成短促的動作與短時距的音節 /ʌ/；一面發出一串短的音節/ʌʌʌʌ/，一面配合著快速的手臂動作，強調音節的速率變化以及音節的時距較短（例如，從 400 毫秒變為200 毫秒）。

治療師也用身體動作來發展語調型態，方式是透過肌肉緊張度的改變。孩童模仿治療師的動作與發聲型態，例如，在腰部做動作並且發出 /a/ 音，再移到腰部上面做動作，此時肌肉緊張度增加，音調也從低到高（例如 200 Hz 升到 400 Hz）。語調的變化依據身體動作，可以長且緩慢，或是短且快速。相反的，向下的身體動作可減低肌肉緊張度，被用來教下降的語調型態，為了要誘發這個型態，治療師在腰部上方以高緊張度開始做動作，再移動到腰部下方，緊張度降低，語調型態也跟著下降（例如 400 Hz 降到 200 Hz）。

表 2-1 的中間欄位標示知覺的參數，向左是增加緊張度，向右則是降低緊張度。在時距參數中，緊張度較高的聲音，動作會較短，緊張度較低的聲音，動作會較長；緊張度高時，音節速率快（每秒八個音節），緊張度低時，音節速率慢（每秒三音節）。至於韻律，有重音音節者，其緊張度比沒有重音者高；長時間靜止不發出聲音，需要較高的緊張度，若只是一個短暫的停頓，則緊張度相對較低，因為停頓會快速被釋放。

### 七個知覺參數

在空間中，三個向度的身體動作由水平（左右）、垂直（上下）和深度

表 2-1 ▶ 以身體動作的緊張度為函數的知覺參數／語音位置

| 緊張度增加 | 知覺參數 | 緊張度減低 |
|---|---|---|
| 上升 | 語調 | 下降 |
| 重音 | 韻律 | 輕聲 |
| 大聲 | 響度 | 小聲 |
| 短 | 時距 | 長 |
| 快 | 速率 | 慢 |
| 長 | 有張力的停頓 | 短 |
| 高 | 音調性（頻率範圍） | 低 |
| | **語音位置** | |
| 無聲 | 有聲／無聲 | 有聲 |
| 合 | 母音的特性（開／合） | 開 |
| 字首 | 音節位置 | 字尾 |

（前後）所組成，這三個軸被用來定義站著、坐著或躺著時的身體位置。開始教導嬰幼兒時，會先躺或坐在地板上，等到孩童的動作技巧與平衡發展好了，再採用站立的姿勢才會比較適當。以下是七個知覺參數的簡要說明：

1. **緊張度（tension）**——治療師將四肢（手臂和／或腳）移動到比正常休息狀態還遠的位置來增加肌肉的緊張度。移遠的部位（away position）可向上或向下、向外或向內，治療師也可以用一手推另一手來增加緊張度，或是推一個靜止的物體，例如牆壁；由於動作阻力增加，使肌肉的緊張度提高。要減少緊張度，治療師可以從緊張度最高的點移動到空間中緊張度最低的點，也就是接近休息的狀態。緊張度是身體動作中最具掌控力的參數，因為身體位置跟著時間在改變。整體而論，增加身體動作的緊張度，其結果是響度較大、時距較短、發聲速率較快、口語停頓時間較長、音調較高，且整體的音節都加了重音；相對地，身體動作的緊張度若減低，則響度較小、時距較長、速率較慢、停頓較短、音調較

低，且整體的音節都沒有重音。表 2-1 顯示出身體動作的緊張度變化和各種知覺參數的口語型態。

2. **語調（intonation）**——語調參數緊跟著緊張度參數，治療師右手高舉揮動並且發出 /a/ 時，音調達到最高點，代表著上揚的語調型態。至於下降的音調（下降的語調型態），治療師右手向下移動的身體動作，使緊張度由高降低。如果要維持相同的語調，手臂就從右移動到左，不改變身體的緊張度。多數聽覺損傷孩童在一開始時，說話音調單一，聽起來不悅耳，此時治療師就需要改變他的肌肉緊張度，發展出變化更多的語調型態，讓孩童的說話節奏聽起來有意義。

3. **音調（pitch）**——特殊的音高〔音調性（tonality）〕是以音素為主，英語 43 個音素（14 個母音，5 個雙母音，24 個子音），每個音素在發音時都有其特定的音高，例如，/a mama/ 有兩個音素，包括 /a/ 和 /m/，/m/ 是一個低音調性的子音，而 /a/ 是一個中音調性的母音。

4. **時距（duration）**——當治療師把時距參數做為目標時，手臂會在腰部位置做出由左至右或由右至左的水平動作，例如，一面發 /a/ 音，手臂一面由右向左移動。時距長短不同的聲音，其代表方式是配合著口中發出的長母音 /a/，做出長時間移動手臂的動作，而短母音 /ʌ/ 則是快速的手臂動作。節奏從快板的 /pʌpʌpʌpʌ/ 到慢板 /pa—pa—pa—pa/ 是有差異的，雖然都在相同的水平位置做動作，但動作速率與肌肉緊張度都不同。

5. **停頓（pause）**——治療師教停頓參數時，配合著有發出聲音或沒有發出聲音，同時在水平面做出身體動作或不做動作。停頓時，身體的緊張度增加，而下一個音節被說出時，緊張度被快速釋放。停頓或短（200 毫秒）或長（500 毫秒），因說話韻律型態而異，無論停頓時間長或短，停頓時身體和發聲緊張度都會較高。

6. **響度（loudness）**——治療師以右手手臂向上移動來代表大聲（例如

65 到 75 dB SPL）而向下放鬆的動作表示小聲（例如 65 到 55 dB SPL），兩個動作都有 10 dB 的變化，但響度改變的方向相反，以手臂動作的方向代表改變方向的變化。一般而言，帶有重音的音節，其響度比未帶有重音的音節大。

7. **韻律（rhythm）**──韻律參數包括上列所有的參數，治療師的說話韻律是全面性的，而且是有掌控力的參數，孩童的大腦會接收到不同時間的韻律變化並加以記憶，治療師的說話韻律會刺激並且發展孩童的本體覺和聽覺記憶廣度。

## •)) 音素本位的動作

要了解音素本位的動作刺激如何運用在前庭策略，我們應該先回顧眾所周知並且許多語音學的教科書都提到的母音位置圖。母音位置圖是用 X 光從左側拍攝的聲道圖，圖中顯示出持續發每個母音時的舌頭和下顎位置。這是個二維的圖形：水平向度和垂直向度，水平向度代表著前中後的位置，垂直向度則是高（合）至低（開）的位置。發音時，/i/ 是一個高前合的母音，/u/ 是高後合的母音，/a/ 是低中開的母音，這三個母音在口腔中與在母音位置圖上各有不同位置。就肌肉緊張度而言，高舌位（舌位接近上顎）的母音 /i/ 和 /u/，其肌肉緊張度比低舌位（舌位離上顎較遠）的母音 /a/ 來得高，因為舌頭要移去較高的位置；在說 /a/ 時，孩童嘴巴張開，肌肉緊張度較放鬆。舌頭的高度和口腔的開合度兩者都會影響母音的肌肉緊張度。

### 母音、雙母音和子音

1. **母音**──和口腔的位置有關，母音 /u, a, i/ 的身體動作對應著空間中三個不同的點，治療師說 /a/ 的同時，在腰部做身體動作，水平張開雙臂，或是用右手從最右邊水平移動到最左邊，這兩種動作都代表著相同的母音特質，長時距與低緊張度。發母音 /i/ 的同時，治療師雙手水平

張開從腰部向上舉，並且踮著腳尖站立。發 /u/ 的同時，治療師將兩隻手臂移動到腰部的下方。對比著說出母音 /u/ 和 /i/，可以將肌肉緊張度的差異最大化，並且可將這兩個較緊張的母音與較放鬆的母音 /a/ 做區隔，其他母音的動作都介於這兩種極端母音之間。在緊張度感受的 11 分量表中，母音 /a/ 是 2 分，是較放鬆的音，母音 /i/ 和 /u/ 是 3 分，中高母音 /e/ 和 /o/ 則是 2.5 分（見表 2-2）。

2. **雙母音**——雙母音的肌肉緊張度比單母音低，因為雙母音是協同構音的結果，也就是從第一個母音的發音部位變化到第二個母音，例如，從 /a/ 變化到 /ɪ/，就得到 /aɪ/。協同構音必須較為放鬆才能夠從第一個母音平順地移轉到第二個母音，治療師在教 /aɪ/ 音時，先在腰部位置發 /a/，之後移動到頭部上方發 /ɪ/，也就是從較長時間的動作、張開手臂、緊張度較低的 /a/ 變化到緊張度高與閉合的母音 /ɪ/。簡言之，因為兩個位置鄰近的母音，在協同構音時發音部位有變化，所以雙母音需要的緊張度比單母音低。

3. **子音**——子音用的肌肉緊張度比母音多，因為在發子音時雙唇閉緊的程度高於母音。在子音中，無聲子音比有聲子音用到更多肌肉張力，例如，無聲子音 /p, t, k/ 肌肉緊張度較高，在緊張度感受表中得 11 分，而有聲子音 /b, d, g/ 則是 10 分。相對於子音 /p/ 或 /b/，鼻音 /m/ 的時距較長且緊張度較低。肌肉緊張度的高低直接受到子音時距的影響（見表 2-2）。

無聲子音 /p/ 或 /t/ 的身體動作，治療師呈現的方式和母音 /i/ 相似，都在腰部上方：先握著拳，突然張開五根手指頭，模擬子音 /p/ 的爆發動作；相對地，發 /t/ 音時，手放在腰部上方，手指向上輕拍，就如同舌頭碰觸口腔的上顎口蓋一般。子音在口腔中的構音部位，是身體動作選擇時的決定性因素之一。

表 2-2 ▶ 英語音素緊張度感受表（子音、母音和雙母音）

**1 分（最放鬆）到 11 分（最緊張）**

| 量尺 | 音素 | 以發音的方式描述 |
| --- | --- | --- |
| | **子音** | |
| 11（最緊張） | /p, t, k/ | 無聲塞音 |
| 10 | /b, d, g/ | 有聲塞音 |
| 9 | /tʃ/ | 無聲塞擦音 |
| 8 | /dʒ/ | 有聲塞擦音 |
| 7 | /f, s, ʃ, h, θ/ | 無聲擦音 |
| 6 | /v, z, ʒ/ | 有聲擦音 |
| 5 | /w, j/ | 滑音 |
| 4 | /m, n, ŋ/ | 鼻音 |
| 3 | /l, r/ | 邊音 |
| | **母音** | |
| 3 | i　u | 舌頭位置高且閉著口 |
| | ɪ　ʊ | |
| | e　o | |
| | ɛ　ɚ | |
| | ə | |
| 2 | ɔ | 舌頭位置低且張開口 |
| | a | |
| | **雙母音** | |
| | eɪ　oʊ | 舌頭位置高且閉著口 |
| 1（最放鬆） | ɔɪ | |
| | aɪ | |
| | aʊ | 舌頭位置低且張開口 |

　　治療師發 /b/ 或 /d/ 時，/b/ 音的身體動作是手放在腰部下方，並且放鬆，兩手向外翻動，發出 /b/ 音（如 /bababa/）；但是發 /d/ 音則是雙手握拳，用緊張度較高的動作向下捶（例如：敲打地板或膝蓋，同時發 /dʌdʌdʌ/）。

發音部位在舌根的 /k/ 和 /g/，其身體動作是手肘在身體兩側的中間向後移動：發 /k/ 時，向後的動作快且緊張度高；發 /g/ 同樣是向後的動作，但動作較慢，緊張度較低。如前文所討論的，無聲子音的肌肉緊張度比對偶組的有聲子音高。

### 協同構音的身體動作

協同構音的教學，治療師先從身體緊張度相同的子音和母音開始，例如，子音 /m/ 和母音 /a/ 有相同的肌肉緊張度，/ma/ 和 /am/ 都在腰部做動作。發/am/時，先發長音的 /a/，再說長音的 /m/，並且語調下降，從 /a/ 到 /m/ 是慢慢轉變而發出，且全身的動作都很放鬆。發 /ma/ 時，動作的緊張度較大，語調上揚，如果由 /m/ 轉換至 /a/ 時，/m/ 發得較長、嘴唇閉合較不用力、且只是水平的語調，協同構音就會比較放鬆，所顯示出的是口腔內的協同構音動作只有輕微的接觸。

另一種改變緊張度的策略是使用等量（isometric）的動作，例如，治療師雙手互推或雙手推牆壁，藉著身體肌肉的高緊張度，可同時發出緊張度高的母音 /i/ 和緊張度高的子音 /s/。時距長的音，肌肉的緊張度會隨著時間而增加，治療師鬆開雙手就可快速釋放緊張度。等量的緊張度所產生的變化，拿來用在每個音素都十分有用，可以做出多種身體動作。教學的目標是要讓孩童感受到他自己身體緊張度的變化，而不是要孩童從治療師的表情或特定身體動作得到視覺線索。

## 振動觸覺的語音輸入

雖然先前已經解釋過振動觸覺，但是這個部分主要是針對處遇工具做回顧。當孩童坐在音響板上或手腕上戴著振動器時，語音經由振動器輸入，幫助孩童感受到說話節奏的自然韻律。音響板對嬰兒和幼兒的效果非常好，嬰兒可

躺在板子上，幼兒則可坐在板子上，在音響板下方的振動器會將語音的振動擴大，讓嬰兒或幼兒用全身來感受語音的振動，語音振動的感覺幫助幼童感受並模仿治療師的韻律和語調型態，例如，當孩童一面模仿治療師的口語型態時，一面透過身體感受到 /bʌbʌbʌbʌ（停頓）baa/，手腕的振動器可伴隨著音響板使用，也可以不伴隨音響板使用，例如孩童坐著或站著時。

語調型態改變帶動了振動的改變，孩童可藉此模仿上揚或下降的語調型態，而語調型態的變化，會幫助孩童發展清晰的說話型態與正常的音質。有正常的音質，說話清晰度才能改善。

治療師用聽輔儀進行語音的振動觸覺輸入，透過高音質的麥克風將語音輸入，語音型態被擴大，之後韻律型態被傳輸到音響板的振動器或手腕上的振動器。

## 用身體動作修正說話

治療師一開始是使用多對一的基本語音節奏，例如 /mamamama（停頓）ma/，教學目標是用停頓加上句末的一個控制音節來教孩童基本的說話節奏，若孩童正確模仿基本韻律，但卻把 /m/ 說成 /b/，這樣的反應是可以接受的，因為此時的主要目標是要孩童模仿基本的說話節奏。教導多對一的說話節奏時，治療師在腰部位置做手臂的動作，同時說出一連串的音節 /mamamama/，接著停止動作，聲音也跟著停頓，之後做一個簡短的動作並且發出單音節 /ma/。

在緊張度的參數中，治療師先觀察孩童全身的肌肉張力，是非常放鬆、非常緊，還是正常？如果孩童的全身肌肉相當緊繃，他會用較緊張的音素來替代較放鬆的音素，例如，治療師的目標音是 /mama/，孩童說 /baba/ 或 /papa/，這是因為全身緊繃以致促進了說話的緊張度。為了減少這些緊張度，治療師會改變她的示範，也就是換成較放鬆的音節 /am/，讓身體緊張度較低。協同構

音緩慢的 /am/，其中的 /a/ 和 /m/ 時距都較長，這種方式會減低緊張度。當緊張度減低時，孩童就能正確發出 /am/ 音。當孩童能正確模仿目標音的緊張度時，治療師就可把目標音由 /am/ 轉到 /ma/，如果孩童能持續維持低的肌肉緊張度，就可以說出正確的 /ma/ 音，接著治療師再回到先前的目標音 /mama/，此時孩童就會正確模仿。因為孩童比較容易參與和察覺身體的動作，所以間接地矯正了他的說話聲。

治療師總是以全身的肢體動作做為開始，例如在說出多個與一個對比的語音節奏時，同時也緩慢和諧地走幾步，也就是一面說 /mamamama/ 一面也走幾步，之後整個身體停頓下來，然後再走一小步並且發出一個 /ma/ 音。用全身的身體動作和手臂的動作都可以達到一樣的目標：發展基本的韻律型態、學會使用適切的時距、速率和緊張度。

當孩童基本的說話節奏穩固和一致時，治療師就可以選擇其他的韻律型態來做矯正。治療師以身體動作和語音示範（speech modification）來重新刺激孩童，做語音示範時，需要先分析孩童的錯誤，並將示範的語音與身體的動作做適切的調整。當孩童正確模仿了治療師示範的語音，就表示治療師提供了一個最適當的刺激音。簡言之，孩童的反應顯示出治療師是否提供了最適當的學習情境。其他的處遇工具（例如，先將語音以低通過濾器處理後才送到振動器）也常被納入，用來強調治療師對孩童錯誤發音所想要做的修正，這些技術被認為是間接的矯正。稍後當孩童有穩定的說話節奏，並且可正確運用韻律、語調和音質時，治療師就可以用直接矯正的方法，也就是溫和地向孩童解釋他哪些音說錯了。

## •)) 建立正常的音質

透過振動器提供振動觸覺回饋，是發展幼童正常音質極為有效的工具，振動器配合著身體動作，可以創造孩童的本體記憶與回饋型態。動作和說話振動的組合，幫助孩童模仿範圍更寬的語調型態，例如，一個音程的上揚語調（像

是 250 Hz 到 500 Hz）或一個下降的語調（像是 400 Hz 到 200 Hz），這些範圍寬廣的語調型態可改善孩童的音質，之後可改善整體的說話清晰度。

振動器搭配著身體動作也有助於發出許多正確的母音，一開始，多數聽覺損傷的孩童只會發出一個或兩個發音部位低的母音（/a/ 和 /ʌ/）。用身體動作改變肌肉的緊張度，並且用振動器提供振動感覺的語音輸入，讓孩童可以「達到」高舌位母音（/i/ 和 /u/）所需的更大肌肉緊張度。達到且穩固高舌位母音後，幼童的口語型態得以擴展，進而改善其音質、韻律與語調型態。

## ·))) 錯誤分析和矯正

在語調聽覺法中，幼童每個發展階段都必須做錯誤分析和矯正，語調聽覺法的前庭策略是一開始的目標，用來發展正常的本體回饋和本體記憶，例如，用身體動作教孩童發出上揚的母音 /a/，但是孩童的語調只些微上升（250 Hz 到 260 Hz）。因為改變太小，聽起來語調單調、平坦，在錯誤分析後，治療師將她的下一個語調型態修飾，舞動身體來表示語調的變化（250 Hz 到 500 Hz），再藉由振動器的輔助，孩童的前庭系統會接收到更大的改變，而他也會在語調中以更大的改變來回應（250 Hz 到 350 Hz）。接著，治療師在母音 /a/ 中加入更多的情緒表達，幼童模仿治療師的語調變化（250 Hz 到 500 Hz），逐漸地，孩童的語調擴展，並且從振動器與成功的身體動作得到回饋。身體動作擴大了肌肉緊張度的變化範圍，並且孩童的語調範圍也擴展得更大，這都是良好的說話清晰度所必備。前庭策略中的錯誤分析和矯正，其所依循的原則與語調聽覺法聽覺和言語矯正中所運用的原則相同。

## 在學校中做的身體動作教學：團體課與個別課

治療師在學校每天課程一開始的時候，就先做一至兩小時的動作刺激與間接矯正，並且也伴隨著聽覺技巧訓練。治療師全天都用相同的語言主題，在給

予說話聲刺激的同時，也配合著動作與聆聽，例如，在做閱讀前的準備活動時，治療師會針對每位孩童的需要來進行身體動作和聆聽，即使是去上廁所或在午餐室用餐，她也都會持續這麼做，目標是經由整天的學校活動來發展聆聽技巧和說話技巧。

一旦孩童的聆聽與說話技巧有進步，身體動作的使用就會越來越少，治療師將教學目標轉換到較高層次的問問題、回答問題、討論等，而不用直接模仿的方式。身體動作被當成是處遇工具，提供最適當的學習環境，之後，當孩童有進步時就會較少使用。

以身體動作做為處遇工具，對動作技巧相似的八個幼童的小團體進行教學會非常有效。治療師讓孩童成為「合作學習的團體」（work together as a team），提供友善且合作的環境，誘導孩童期望能成為團體的成員，有時，治療師也找表現「最好」的孩童示範正確的動作與正確的說話節奏。團體課程從學前就開始，起初，孩童表現得像單一個體。這些孩童很快的學會參與，成為團體的成員，然後全部的孩童都與治療師密切配合，做出身體動作，並且從團體中得到正向的回饋。對孩童而言，獲得同儕的支持是個愉快的經驗。

個別的身體動作課程和團體課程相似，差異在於個別課是依據孩童個別的程度來進行。教導嬰幼兒時，先是用個別化的身體動作來為他們做好成為合作團體成員的準備，但治療師在個別課時較無法得到孩童的全神貫注，團體教學對多數孩童比較有效。在團體課程中，治療師是個主動的傾聽者，聽取每個孩童的模仿是否正確，因此治療師必須是熟練的傾聽者，也必須非常有技巧的選擇適切的說話指導方式來矯正孩童所發出的錯誤音。

## 帶著說話韻律的身體動作

身體動作也被用來擴展孩童在說話韻律方面的本體覺和聽覺記憶，目標是發展出三秒鐘說 15 個音節的記憶廣度，這算是正常的說話速率。

　　用來擴展孩童記憶的說話韻律必須容易了解、模仿、記憶，並且有趣。治療師可使用坊間的童謠教材，例如〈小蜜蜂〉、〈小星星〉等，也可自編童謠教材來擴展孩童對新音素的記憶。自編童謠的難度很廣，可從前語言的音節編到較複雜的字詞與句子，也可從低音調性的音素（例如 /b/）編到高音調性的音素（例如 /s/）。

　　這裡舉兩首各四句的童謠為例：

第一首
Ah Boo　（2）
Ba Boo　（2）
Boo Boo（2）
Bah!　　（1）
　　共計　7 個音節

第二首
Shower Shower　　（4）
Take a Shower　　（4）
Wash your shoulders（4）
Take a Shower　　（4）
　　共計　16 個音節

　　第一首用前語言的低音調性音節所組成，總共 7 個音節，前三句各兩個音節，第四句一個音節，童謠的最後以停頓「一拍」做結束，7 個音節加上停頓，在 1.5 秒內可說完。

　　第二首共 16 個音節，用了 11 個字詞，在 3.2 秒內可說完，這首童謠難度較高，因為有高音調性的 /ʃ/，也有重音在字首的雙字詞，例如洗澡（shower）

與肩膀（shoulder），高音調性的 /ʃ/ 和中與低音調性的母音組合成字詞，也強調字尾輕聲發出的 /ʃ/，例如洗（wash）這個詞。這兩首童謠都有規則的旋律，每行兩拍，治療師邊念童謠邊進行身體動作，就好像音樂指揮家在指導合唱團一般，用流暢的身體動作來強調每行有兩拍，也用身體動作來引導童謠的開始與結束。

## •))) 聽覺記憶

藉著前庭策略，孩童得以模仿治療師的身體動作和口語型態，這些模仿幫助他們擴展本體覺與聽覺記憶型態，一旦孩童的聽覺記憶擴展，治療師就教孩童憑著記憶念出童謠，而不要直接模仿。只要孩童的聽覺記憶擴展且得到發展，治療師就可教正常版的童謠，逐漸地，孩童會記住三至十首童謠，在要求下可憑著記憶說出。最後，不需要其他協助，孩童就能學會新的童謠，而且藉著聽覺記憶可重新說出。

語調聽覺法的前庭策略讓多重感覺的言語輸入達到最大化，孩童的口語能力從基本的口語型態開始，但是也帶著非口語的層面。他先是用全身來感受，接著用身體知覺來「聽」聲音，正常的韻律和語調型態都有助於發展良好的音質和良好的說話清晰度，聆聽技巧也跟著改善。例如，有正常音質的幼兒會有良好的說話清晰度，雖然他們能夠正確說出的語音還只是很小的百分比。又例如一位方言腔調很重〔韻律異常（abnormal rhythm）〕的成人，他的說話清晰度就很不好，如果這位成人想改善說話清晰度，必須先將他的重音型態改變成對方的說話型態，這也是為什麼韻律和語調型態要從嬰幼兒時期教起的原因，韻律和語調是良好的口語表達技巧與良好的聆聽技巧的基礎。

非口語的肢體語言與口語和諧地呈現，肢體語言提供聆聽者視覺訊息，並且聆聽者也分享著相同的肢體語言。肢體語言因文化而異，以文化為根基，例如，義大利人的肢體語言不同於日本人。

以身體動作做為處遇工具和以肢體語言來表達，二者的功能不同，很關鍵

的一點是，治療師不能把動作當作是視覺線索或是每個音素各有其對應的動作，這會造成孩童的困惑，並且難以記憶。治療師強調的是參數（參數本位）或音素（音素本位），並且動作常常變化，所以它不是手語。

## 參考文獻

- Aras, G. (2000). Hearing in space perception integration. *Proceedings of verbotonal symposium.* Zagreb, Croatia: Poliklinka SUVAG.

- Aras, G., & Asp, C. (2005). Personal communication.

- Asp, C. W. (1985). The Verbotonal method for management of young hearing impaired children. *Ear and Hearing, 6*(1), 39-42.

- Asp, C. W., & Guberina, P. (1981). *Verbotonal method for rehabilitating people with communication problems.* New York, NY: World Rehabilitation Fund.

- Ayres, A. J. (1978). Learning disabilities and the vestibular system. *Journal of Learning Disabilities, 11*, 18-29.

- Fisher, A. G., Murray, E. A., & Bundy, A. C. (1991). *Sensory integration.* Philadelphia, PA: F. A. Davis.

- Guberina, P. (1972). *The correlation between sensitivity of the vestibular system, and hearing and speech in verbotonal rehabilitation* (Appendix 6, pp. 256-260). Washington, DC: Office of Vocational Rehabilitation, Department of Health, Education, and Welfare.

- Horak, F. B., Shumway-Cook, A., Crowe, T. K., & Black, F. O. (1988). Vestibular function and motor proficiency of children with impaired hearing or with learning disability and motor impairments. *Developmental Medicine and Child Neurology, 30*(1), 64-79.

- Palmer, L. L. (1999). *Stimulating maturity through accelerated readiness training (SMART).*

Minneapolis, MN: Minnesota Learning Resource Center.

- Pansini, M. (2000). Verbotonal contribution to audiology and vestibulology. *Proceedings of verbotonal symposium.* Zagreb, Croatia: Poliklinka SUVAG.

- Sussman, K. D. (1996). *Speech power through rhythmic phonetics* [Video recording]. Redwood City, CA: Jean Weingarten Peninsula Oral School for the Deaf.

# 聽覺策略：自我矯正的聆聽技巧

　　一旦語音說話型態穩固，聆聽技巧就會成為孩童對話時的掌控管道。聽覺的掌控是以知覺為根基，所依據的是聲音從耳蝸傳到大腦、由低層傳到高層，並且生理組織具有特定區域負責接收特定頻率的特質，這種音響特定部位組織（tonotopic organization）的特性，讓孩童的大腦得以選取每個音素的獨特頻率範圍（音調性）。例如，母音 /u-a-i/ 和子音 /m-t-s/ 的頻率分布範圍都是從低頻到高頻，這些頻率範圍對孩童以聆聽方式接收英語的 43 個音素（包含母音、雙母音、子音）都非常重要。根據孩童的錯誤語音，將這個目標音素放在他的知覺範圍內，會是一個有效的處遇計畫。

　　音調性字詞測驗（Asp, 1999; Asp & Plyler, 1999）是在沒有視覺線索的方式下，評估孩童對低頻、中頻、高頻的語音聽知覺能力，例如，room、cat、cease 這三個語音。如果必要，音調性音節測驗（例如，/mumu /、/lala /、/sisi /）或音調性句子測驗（例如，Pull the Puppy Up、Tell Tom to Come、Sally Is Sweet）都可和音調性字詞測驗並用。每個音調範圍有五個項目，孩童的表現（正確百分比）和治療師所進行的錯誤分析，都提供了孩童在每個頻率範圍聽覺技巧的訊息，而這些都和孩童聽覺系統的生理組織特性有關。

　　以聽輔儀（見圖 3-1）進行音調性評估，可幫助治療師找出孩童最適當的聆聽情境，治療師用聽輔儀的麥克風放大她示範的語音和修正過的語音，並且

要孩童對著麥克風說話，讓他們聽到自己被放大的聲音，而麥克風位於最適當的位置確保了 30 dB 的訊噪比（signal-to-noise ratio）。孩童戴著雙耳耳機與手腕振動器，同時接收到聽覺與振動觸覺的回饋。為了強調治療師所示範的語音，聽輔儀可以設定在高音質、頻率反應很寬的頻道（2-20000 Hz），另外的四個頻道有精準的切截（cutoff）頻率（例如 0.25、0.5、1、2、4、8 kHz）和斜度（slope）（例如，每音程 0、6、12、20 和 60 dB），這些設定都可讓治療師針對孩童聽覺發展的每個階段來安排最適當的頻率範圍。過濾器被用來強調目標音素，並且減少孩童的知覺錯誤。例如，有良好殘存聽力的孩童把 /s/ 說成 /sh/，這時用 6 kHz 高通過濾器加強 see 裡面的 /s/ 音，並且減少 /sh/ 音的錯聽與錯說。只要孩童能正確聽到與發出 /s/，就可以去除高通過濾器的濾音效應，促進他類化到聽輔儀與助聽器更寬頻的頻率反應。這時候，孩童的聆聽技巧就主控著監聽、控制與自我矯正說話的型態。這些精練的聆聽技巧讓孩童在較少的視覺線索下，也能成功聽懂別人所說的話並且與他人溝通。

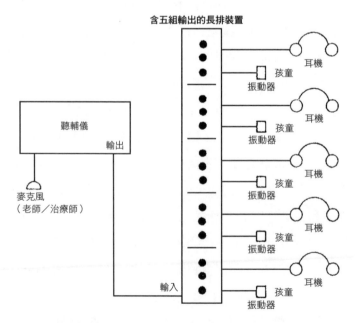

圖 3-1 ▶ 治療師及個案與聽輔儀的連結圖

　　中心本位與學校本位方案的團體與個別處遇課程都可以用到聽輔儀（見圖 3-1）。如果是年幼孩童，在學校大部分的時間都要用到這個儀器，幫助孩童持續體驗高音質的聆聽。如前所述，治療師在安靜且最適當的情境（30 dB S/N），透過孩童的雙耳耳機呈現她要示範的語音。當孩童能在安靜情境下熟練發出所要學的語音時，就可在聽輔儀中加入噪音（例如，5、10 或 15 dB S/N）與餘響（reverberation）（例如，0.6、1.0 或 1.5 秒的延宕），之後再逐漸模擬常見於教室中與環境中的不佳聆聽情境。

　　孩童的數位助聽器可以參考過濾頻道調整成最適當的頻率反應（OFR），而過濾頻道可強調殘存聽力，這樣的做法讓聽輔儀的結果正向的轉換到助聽器。對植入電子耳蝸的孩童，可在未植入的一耳戴上單耳耳機，提供雙耳的語音輸入，這可為日後孩童的雙耳聆聽做好準備，即一耳是助聽器，另一耳是電子耳蝸。在年幼時就提供雙耳聆聽情境十分重要，因為這會讓孩童同時經由兩個系統（助聽器和電子耳蝸）發展出正確的聽覺接收。

　　距離練習（distance practice）也是另一個處遇工具，可發展孩童在空間中的聽知覺能力。首先，不戴助聽器，從短距離開始練習，例如 3 到 6 英寸，再到 9 英寸，要求孩童在這三種距離重述他聽到的字詞或句子，之後戴上助聽器或電子耳蝸繼續做距離練習，幫助他將距離 3 英尺的良好表現延伸到 15 英尺，並且仍維持著高水準的表現（例如 90 % 的正確率）；而這樣的練習情境和教室中以及日常生活中的聆聽情境十分接近。

## 聽知覺：概說

　　治療師同時刺激與矯正聽知覺與語音產出，從最簡單的聽覺情境進展到最困難的情境。最簡單的情境包括使用所有的感覺管道，治療師用聽輔儀對孩童說話，孩童戴著手腕振動器和耳機，說話型態同時有聽覺、觸覺與視覺的線索。在處遇課程初期以多重感覺輸入語音，是一種較簡單的情境，但之後逐漸

轉變至單一聽覺輸入，因為教學目標是要改善孩童的聽知覺，讓孩童只用聽覺線索就可以聽懂治療師說的話。來自面部表情與身體動作等的視覺線索逐漸減少，讓孩童對聽覺線索的依賴更多。治療師「訓練」孩童的大腦接收說話的聽覺訊號，即使聽覺訊號因為周圍聽力損失而有所限制。語調聽覺法假設孩童的大腦會補償這些受到限制的聽覺訊號，並且針對有效的溝通發展出知覺，這種補償作用稱為大腦聽覺移轉（auditory brain transfer）。

語調聽覺法中，聽知覺評估不是只看純音聽力圖。因為純音聽力圖只呈現耳蝸的周圍聽力損失，因此，當孩童的純音聽力是 80 到 90 dB HTL 時，通常認為這個孩童無法發展出語音接收能力，此假設是以基本的語音頻率（500、1000、2000 Hz）為根基，沒有考慮到孩童 500 Hz 以下的殘存聽力，並且也無法解釋大腦聽覺移轉。相對的，語調聽覺法假設孩童的大腦可被訓練著透過低頻殘存聽力的最大化來做補償。只要孩童的大腦沒有受損，治療師就假設只要提供適當的聆聽情境，孩童或成人都能利用殘存的（低頻）聽力來發展語音聽知覺。建立聽知覺的成功關鍵在於有能力的治療師採用良好的策略，並且知道大腦有接收的潛能。

## 耳朵和構音器官

語音的頻率（音調）由於耳蝸到大腦的生理組織具有特定區域負責接收特定頻率的特質，讓語音型態得以被有效的處理、控制和自我矯正。在發展上，構音的動作被連結到大腦對說話的監督與控制，所以它們也會影響到聽知覺。構音器官和耳朵間的這種連結可幫助孩童監控自己的說話聲，也可預測別人說話的節奏，用來進行「立即」（on-line）的說話處理，這對正常說話型態的發展和正常聆聽技巧的發展都很重要。

學習第二語言時，母語的韻律、語調和音素型態會干擾第二語言的聽覺處理，從別人說第二語言時很重的外語腔調就可得到證實，因為他們都以母語的

發音動作型態來說第二語言，這些腔調影響他們理解第二語言的能力。這在有餘響與噪音干擾的不佳聆聽情境中更是明顯。腔調過重時，也會負面地影響到說話清晰度、聆聽技巧和書寫語言等。總之，口語溝通的各個面向都會受到說話腔調型態的影響。

## 對說話節奏的預期

在面對面的對話情境中，聆聽者會預期對方的說話節奏（腔調型態），藉以做「立即」的說話處理。典型的說話者平均每秒說 15 個音素，如果對說話節奏沒有正確的預期，如此快速的構音就會造成知覺的混淆，例如，外國人不能正確預期母語說話者的說話節奏，因為外國語與本國語的說話節奏不同，外國人對於分辨何時一個字結束以及何時一個字開始，有其困難。

對說話節奏的預期是嬰幼兒的發展里程碑，透過母親與嬰兒在前語言期的「語音對話」（speech dialogue）自然習得。媽媽以口語回應嬰兒所發出的聲音，建立了構音器官與耳朵的連結，這也是嬰兒大腦將說話型態做功能性處理的基礎。

構音器官與耳朵的連結十分關鍵，因此在說話異常和語言異常中可提供做為處遇之用途，若嬰幼兒只會用指著圖片或選出圖片的方式做反應，那麼這表示他的構音器官與耳朵的連結沒有發展。少了這個連結，對說話節奏的預期就有所限制。

## 音響特定部位組織：耳蝸到大腦

左右耳的耳蝸都是音響特定部位組織，在耳蝸與大腦聽覺處理結構之間有 30000 個接受器。聽覺頻率範圍（音調的接收）是 20 Hz 至 20000 Hz，在耳蝸內，低頻（20-200 Hz）是在耳蝸上方三分之一處進行處理，中頻（200-2000

Hz）是在耳蝸中間的三分之一處進行處理，高頻（2000-20000 Hz）則是在耳蝸下方三分之一處進行處理。簡言之，在這個具有音響特定部位組織特質的接收器中，100 Hz 屬於「低」的部位，1000 Hz 是在「中間」，而 10000 Hz 則是在「高」的位置。中樞神經系統（從耳蝸核到初級聽覺皮質）以位置編碼（音響特定部位）和速率編碼（速度）針對這些頻率做調準，耳蝸也對不同音量有不同敏感度，與中頻相比，要偵側到說話聲以及達到同等響度，低頻和高頻範圍需要較大的物理音量（dB）。

藉著音響特定部位組織，大腦得以分辨語音的音素，這些音素各有不同的頻譜線索，使得接收也有不同，例如，母音 /a/ 和母音 /i/ 的頻率反應截然不同，因此兩者的頻譜也不同，大腦可輕易察覺二者的差異。母音 /i/ 和 /ɪ/ 的頻率反應較接近，所以聆聽者必須專注於頻譜差異才能分辨二者。同樣的，子音 /b/ 和 /s/ 有明顯且易分辨的頻譜差異，而 /s/ 和 /ʃ/ 的頻率反應相似，頻譜差異較不明顯。

語調聽覺法用音響特定部位組織的觀點來解釋孩童的大腦如何用「調準」（tuned）來聽辨音素間的差異，每個單音的音調性範圍（低－中－高）都和大腦中單字詞的音響特定部位對應，例如，moo、cat 和 see 分別對應低、中和高。音調性強調了音素之間的差異，而音素就根據這些音調性來組織，而不是隨機散布在很寬廣的頻率範圍中。

## 處理語音時的大腦頻寬

大腦對 2 Hz 至 20000 Hz 的說話頻率敏感，在數字低的一端，尤其是很低的頻率，語音線索可用聽輔儀的手腕振動器來傳送。振動觸覺的範圍是 2 Hz 至 1000 Hz 之間，這個範圍包括前庭耳蝸聽覺，也有助於建立構音器官和耳朵間的連結。

正常會話的語音頻譜（speech spectrum）（頻率範圍）涵蓋整個大腦的頻

寬，因為會話語音的動態本質，口語每秒 5 個音節，也就是每秒 15 個音素，這樣快速的構音變化（協同構音）將語音的能量分散到整個頻寬。同樣道理，一個持續播放的 1000 Hz 純音，只在 1000 Hz 有音響上的能量（acoustic energy）；當這個純音連續以很快的速率阻斷又送出時，能量會擴散到中心頻率 1000 Hz 之外。同樣原理可以套用在長時距母音與母音被阻斷的例子中，說話時每秒 5 個音節，造成母音被阻斷的現象。說話聲的其他特質也會因此延展音響頻譜，例如，在說子音 /p/ 時要釋放空氣（送氣音），其寬廣的音響頻譜擴展到 100 Hz 以下。韻律和語調型態可在低於 125 Hz 以下被接收，並且與使用寬頻的情況相似（Kim & Asp, 2002），如此的低頻對型態的接收是最適當的。

## 比較孩童與成人大腦頻寬的差異

正常聽力的孩童用大腦的全部頻寬來發展聽知覺，嬰兒在這個部分的發展是來自母親抱著他時，他「感覺」到媽媽的說話節奏，就如同他還是胎兒時一樣。有嚴重說話溝通障礙的嬰幼兒需要相似的經驗，以便接收寬廣的頻帶。

為了模擬這種重要的振動觸覺經驗，語調聽覺法的處遇策略是從前語言就開始，在呈現語音矯正與說話節奏的同時，也搭配著聽輔儀的耳機、身體動作和振動觸覺的語音輸入。孩童藉著對說話節奏的感覺而發展其聽覺，這種方法稱為「媽媽寶寶法」（Mommy-Baby Method）（Guberina, 1972），提供了孩童情緒上的安定，並且鼓勵孩童與治療師互動，就如同他與媽媽互動一樣。

說相同母語的正常成人可輕易聽懂電話中的對話，即使電話的頻寬狹窄、只有 3 個音程（300 至 3000 Hz），而他們能夠聽懂窄頻的說話聲是因為進階的聽知覺與能夠正確預期說話的節奏，而且對說話節奏型態的本體覺都已內化，只利用狹窄的頻寬就足以聽懂電話中的對話以及聽懂電視與收音機中的說話聲。這些正常成人的大腦在此過程中進行了補償，把缺失的頻率「填補進去」，這是藉著大腦聽覺移轉所達成。對於外國腔很重的成人，電話狹窄的頻

寬是不夠用的，他們比較喜歡用面對面且寬廣的頻率來對話，同時還有肢體語言的視覺線索。

在診斷聽力學中，前述窄頻（300-3000 Hz）被稱為「會話語音區」（conversational speech zone），80％的音素，其音響訊息都在這個窄頻範圍內。實際上，許多助聽器和電子耳蝸的頻寬甚至比這個範圍還窄，例如500至2000 Hz。這種只對窄頻範圍來擴音的策略，是以成人聆聽電話的模式為根基，並且也要避免周圍低頻噪音（低於500 Hz）的蓋蔽作用。

即使「會話語音區」不大，正常成人的大腦也能正確地接收會話中的語音，例如，將語音通過300 Hz的低通過濾器和3000 Hz的高通過濾器處理後，多數人仍可完全聽懂。前述即雙重模式語音知覺（bimodal speech perception），結合兩個不同的頻寬，但是如果只聽取其中一個頻寬，則會完全聽不懂。例如，只聽300 Hz的低通過濾器的語音，說話清晰度是0；只聽3000 Hz高通過濾器，也是0；但同時聽取經過這兩種頻寬過濾後的語音，也就是雙重模式接收，則可聽懂90％。這是因為對話中的低頻韻律和語調型態促進了大腦對高頻的知覺，換言之，韻律和語調型態的結構提供成人大腦一個框架，用來填補並接收對話中的音素，即使這些音素已從訊號中被過濾掉。

另一個研究發現，當低頻波帶（55-110 Hz、110-220 Hz，或220-440 Hz）被加到高頻波帶（1100-2200 Hz）時，字詞的接受會被改善，這個實驗支持了運用雙重模式（不連續頻率帶）策略有助於大腦的語音接收。

## 大腦知覺移轉：殘存聽力的最大運用

透過聽覺損傷孩童或成人殘存聽力最敏感的部分來發揮其聆聽技巧，是件很重要的事情，方式是藉著大腦聽覺移轉，而這是神經可塑性的發展（neuroplastic development）所達成的大腦補償能力，也就是低頻的殘存聽力接收到高頻語音的能量。

語調聽覺法所發展的是 1000 Hz 以下的低頻殘存聽力，為高頻聽力損失者發展出功能性的殘存聽力，也就是將 1000 Hz 的低通過濾器調整到個案最敏感的範圍，讓個案聆聽會話中的語音時可以達到 100 %（字詞聽辨），大腦聽覺移轉是運用到聽覺敏感度最佳的區域（低頻）來補償聽覺敏感度最差的區域（高頻），提供輕度到極重度的聽力損失者一線生機。

相反地，多數傳統的策略（助聽器）是將聽力損失區域擴音，期望著藉此能將助聽的純音聽閾拉到 25 dB HL 以下，例如，未戴助聽器的 4000 Hz 聽閾是 90 dB HL，那麼助聽器要有 70 dB 的增益，才能夠達到 20 dB HL 的助聽聽閾。雖然閾值降低，但是高頻卻過度放大導致響音重振（recruitment），亦即響度異常造成不舒適的現象。高頻增益也會導致音調性錯誤，變得趨向於高頻率，例如，把 /ʃ/ 說成 /s/。總之，高倍率的放大聲音讓聽覺損傷者不舒服，而且會導致很差的語音接收。

雙重模式（不連續音）的另一個例子是在助聽器選配時，將語音中的低頻節奏自然通過開放式的耳模，然後加上高頻窄波助聽器提供 5 到 20 dB 的增益，這種雙重模式策略對於低頻殘存聽力有功能的聽覺損傷者非常有效。簡言之，低頻語音能量自然通過，而高頻語音能量只用高頻助聽器輕度放大，個案的耳朵不要用耳模塞住，他就會聽到自己很自然的聲音。

## 頻率死亡區

研究顯示，超過 70 dB HL 的高頻純音聽閾，可能是個頻率死亡區（dead frequency zones），並且無法用高頻接收語音。當這種情形發生時，針對聽覺損傷者「死亡」的頻率範圍來放大聲音，不但不會幫助語音的接收，反而可能有害處。

1968 年，Bredberg 以後攝成像檢查（postmortem examination）為一個聽覺損傷者死體耳蝸的毛細胞受損做了報告。這位毛細胞損傷的 71 歲老人，長年

在高音量的電鋸場工作，右耳純音聽力圖顯示 500 Hz 以下的聽力正常（0-25 dB），1000 Hz 以上是輕度（30 dB）至重度的聽力損失（70 dB），而 3000 Hz 有個 70 dB 的聽力損失凹谷（notch）是典型的噪音型聽力損失。這裡要提問的是：「是否 3000 Hz 的 70 dB 聽力損失代表著頻率死亡區？」透過生理測驗，右耳耳蝸顯示螺旋骨板（osseus spiral lamina）的橈骨神經（radial nerves）幾乎完全退化，並且耳蝸 135 度至 270 度範圍的柯式器（organ of Corti）也同樣退化，只剩少數的內毛細胞，所有的外毛細胞皆已退化。Bredberg（1968）的分析指出，純音聽閾 70 dB HL 的 3000 Hz，是外毛細胞和內毛細胞的死亡區域。

對 Bredberg（1968）的個案而言，最適當的頻率反應（optimal frequency response，簡稱 OFR）是以 1000 Hz 的低通過濾器和 6000 Hz 的高通過濾器同時呈現語音訊號，這會避開 3000 Hz 的死亡區域。

## 基礎聽力學的修正

收到病人的醫療權益證明單（medical clearance）後，聽力師就可進行標準的純音聽力檢查和語音聽力檢查。多數的聽力檢查測試的純音頻率從 125 至 8000 Hz，在語調聽覺法中，125 Hz 和 250 Hz 的低頻及 6000 Hz 和 8000 Hz 的高頻被用來找出殘存聽力的最敏感區域。實際上，包括 20 至 125 Hz 與 8000 至 20000 Hz 的整個頻譜，都有助於決定何處是最敏感的頻寬。

語音聽力檢查中，兩耳的語音接收閾（speech reception threshold，簡稱 SRT）和語音察覺閾（speech detection threshold，簡稱 SDT）都要測試。SRT 是個案能夠將同調號雙字詞（spondee test words，如：大象、蝴蝶、baseball、hotdog 等）正確重述 50 % 時的最小音量；SDT 是個案察覺同調號雙字詞的最小音量。SRT 和 SDT 的差異可用來判斷個案的殘存聽力是否有功能，例如，若個案的 SRT 比 SDT 大 5 dB，表示他只需要 5 dB 的放大就可正確辨識 50 % 的同調號雙字詞，但是，如果 SRT 比 SDT 高 40 dB（例如，SRT＝95 dB，SDT

＝55 dB），則表示他的殘存聽力沒有功能。語調聽覺法會幫助降低個案的 SRT，讓他們可以用較小的音量（擴音）就聽懂同調號雙字詞，例如，將 5 dB 的差異降到 2 dB，或將 40 dB 降為 15 dB。當個案所需的音量較小時（較低的 SRT），低頻區域的敏感度才被視為有功能。個案的大腦對高頻發展出低頻的知覺移轉，因此需要的放大音量較小，避免過度放大音量（尤其是頻率死亡區），會讓個案在不利的聽覺情境（如噪音情境）下更能有效發揮功能。

## 個案的語音接收閾和頻寬

SRT「摺疊」（fold-over）的技術可用來決定擴音的最適當頻寬或最適當頻率區域，方法是將純音聽力圖的底線摺疊到個案 SRT 的閾值處，例如，若個案在 125 至 1000 Hz 的頻寬恰好可以正確作答 50 % 的同調號雙字詞，那麼這個頻率範圍就是最適當的頻寬（最適當的頻率區域），助聽器與聽輔儀就可對應這個頻寬來擴音。個案的最適當頻寬對語音能否成功被處理可說是非常重要，因為可以把來自聽力損失最嚴重區域的知覺扭曲減到最低。可以如此假設，低頻對理解語音可能貢獻最大；這也支持了上述摺疊聽力圖到 SRT 音量的想法，如果 SRT 與較低頻率的純音聽閾平均值（PTA）有最好的對應，那麼功能性的殘存聽力就可能集中在這些較低頻率的附近。執行這個技術，很確定的一點是不會將聽力損失最大的區域擴音，因此扭曲音就被減小。

## 最適當的頻率反應

最適當的頻率反應（OFR）指的是個案接收語音最清楚的頻率範圍，聽輔儀可以將聽力損失最嚴重的區域過濾掉，而只通過個案殘存聽力最敏感的頻率範圍。治療師透過一系列的處遇課程來找到 OFR，課程中輸入語音時，還配戴著雙耳耳機與手腕振動器。聽輔儀中用到五個並聯的頻道，這些頻道包括寬

頻（broad band）、低通（low-pass）、低尖峰（low-peaking）、高通（high-pass）和高尖峰（high-peaking）的過濾器，接下來會對這些名詞做更多解釋。

第一步是先將低通過濾器做設定，使之與個案 1000 Hz 以下的純音聽閾對應，例如，第一個 OFR 設定為 1000 Hz 低通，低頻方向 0 dB 斜率，高頻方向 20 dB 斜率。治療師透過此低通過濾器，以音調性字詞測驗來檢視孩童的聽知覺。依據測驗結果，治療師決定是否要繼續調整低通過濾器的斜率和切截頻率，以改善孩童的接收。接著，治療師增加一個高通過濾器，通常語音接收會因此提高 20 ％ 或更多，必要時也可加入振動器。

## 以弗來傑距離表測量未助聽距離

「未助聽距離」（unaided distance）就是治療師的口部與個案的耳朵在未擴音時的距離，用英尺或公尺為單位，不需做任何特定的聲學處理，在一般的治療室中就可以測量。

弗來傑距離表（Fletcher Distance Graph）的建構是為了要估計孩童的未助聽距離（Guberina, 1972），這個表是以哈福·弗來傑（Harvey Fletcher）精準的語音測量為依據，他是貝爾電話實驗室的科學家。表 3-1 的縱軸是低至高的音調性，而橫軸是達到最舒適音量（most comfortable loudness level，簡稱 MCL）所估計的距離（英尺或公尺），而中央垂直的欄位是個案的語音接收閾（SRT），以純音聽閾平均值 92 dB 為例，治療師的口部必須離孩童耳朵約 0.6 英寸以便達到 MCL 的音量。治療師告訴孩童不要猜，之後在這個位置說出音調性測驗的字詞，孩童重複他所「聽」到的聲音；因為這是一種知覺測量，如果用猜的就會干擾測試的結果。半英寸的距離被認為是最近的距離，並且語音也最大聲。

在進行裸耳（未助聽）測驗時，治療師要用相同大小的 MCL 來說這些字詞，亦即治療師在測驗情境中不會隨意提高或降低音量，而是透過距離的變化

來達到 MCL 的情境。以個案的優耳先測量，要個案將另一耳用食指或耳塞塞
住，用來減少訊息越聽（crossover）到非測試耳的現象。

表 3-1 ▶ 根據弗來傑距離表所估計的未助聽距離

| 未助聽距離 | 語音接收閾 | 備註 |
| --- | --- | --- |
| 33 英尺 | 35 dB | 10 公尺（33 英尺） |
| 40 英寸 | 55 dB | 1 公尺（3.3 英尺） |
| 4 英寸 | 75 dB | |
| 0.6 英寸 | 92 dB | 2.5 公分 ≦ 1 英寸 |

　　另一個個案的平均純音聽閾 66 dB HTL，治療師參照弗來傑距離表估計的
未助聽距離是 12 英寸，治療師可縮短距離（6 英寸）也可加長距離（24 英寸）
來評估個案的語音知覺是否因此增加或減少，並且詢問個案在哪個距離（6、
12 或 24 英寸）可接收到音量最舒適的語音（即 MCL）。依據這些觀察和個案
的回饋，治療師就可決定個案站在什麼距離可以用 MCL 接收語音，之後以此
音量進行音調性字詞測驗。

　　第三個個案的平均純音聽閾是 46 dB，治療師依弗來傑距離表找出估計的
未助聽距離是 10 英尺。和之前的例子一樣，治療師會減少距離（5 英尺）也
會增加距離（20 英尺）來決定什麼距離所接收的語音效果最佳及音量最舒適，
假若最適當距離是 10 英尺，治療師就用這個距離進行音調性字詞測驗。

　　總結上述三位個案所估計的距離，分別是 0.6 英寸、12 英寸和 10 英尺，
弗來傑距離表提供了評估個案時的目標距離（target distance）。在語調聽覺法
中，隨著聆聽治療的進展，個案的語音接收距離會改善（增加），在聽輔儀 30
分鐘的課程結束後，拿掉耳機，會發現個案的距離增加了。

　　語調聽覺法的低中高音調性音節 /mumu/、/lala/、/sisi/，可以拿來在最
適當的未助聽距離做快速的語音接收測驗，例如，對第三位最適當未助聽距離
為 10 英尺的個案進行此音調測驗，個案可能可以正確重複說出 /mumu/、

/lala/，但卻把 /sisi/ 說成 /ʃiʃi/，這個結果表示個案能夠接收低頻和中頻的語音，但是以 /ʃ/ 取代 /s/ 則表示他無法正確接收高頻。

## 語調聽覺語音聽力檢查法

### •)) 以過濾的音節來偵測察覺閾

Miner 和 Danhauer（1977）指出，母音的共振頻率（formant frequencies of vowels）和接收母音的最適當音程有關（母音以最舒適音量呈現），他們指出最適當的音程頻寬（optimal octave bandwidths）可正確接收與辨識母音，並且這些音程與某些母音的共振頻率相似。

依據最適當音程的概念，用八個過濾後的無意義音節即可測得過濾的語音察覺閾（filtered speech detection thresholds），這些音節為疊字詞（logotomes），包括 /brubru, mumu, bubu, vovo, lala, keke, shishi, sisi/，都是同質的音節，也就是都是由最適當音程相似的子音和母音所組成，例如，/la/ 中的子音和母音，其最適當音程都是中頻率，而 /si/ 中的子音和母音，其最適當音程都是高頻率。每個音節都說兩次，以便同時呈現兩個音節的自然說話節奏。

將這些測驗項目從各自最適當的音程頻寬中通過，用以決定語音察覺閾（SDT），例如，/lala/ 最適當的音程頻寬是中心頻率 1000 Hz 的頻寬。以之得到的 SDT 和個案的 1000 Hz 純音聽閾做比較，因為前者頻寬較大，所以疊字詞 SDT 的敏感度通常比純音聽閾好，例如，1000 Hz 的純音聽閾是 50 dB HL，但 1000 Hz 的疊字詞 SDT 卻是 40 dB HL，SDT 的敏感度較佳，所以此 SDT 可以用來辨識個案的殘存聽力，包括以純音聽閾不能辨識而形同「聽覺孤島」（islands of hearing）型的聽力。

## ·))) 低、高和雙重模式的知覺移轉

　　為了測驗個案大腦聽覺移轉（從高頻移轉至低頻）的潛能，用高頻疊字詞（例如 /sisi/）以不適當的低頻音程來測試（例如，中心頻率 500 Hz 或以下），比較最適當音程和不適當音程所測得的 SDT，就可得知大腦對於 /sisi/ 比較敏感的是在低頻區或是高頻區。這種比較也可以運用在低頻的疊字詞（例如，/vovo/），將其通過較高的頻寬（例如，中心頻率 2000 Hz 或以上）來測試。

　　雙重模式的移轉（bimodal transfer）是同時使用低頻和高頻的移轉，例如將疊字詞 /sisi/ 同時通過 3000 Hz 的高頻最適當音程與 300 Hz 的低頻音程，如果雙重模式的 SDT 比單一最適當音程好，表示個案的大腦有能力同時運用低頻與高頻來補償。並且，還可以將未過濾的疊字詞通過寬頻波帶來測 SDT，這三種知覺移轉的測驗（最適當的、不適當的、未過濾的）可用來了解大腦在受限的頻寬接收語音（音素）的潛能，並且也可以用來評估個案語音接收的最適當情境。

## ·))) 音調性最大值：音量表現函數

　　音調性測驗可提供個案在低、中、高音調性的正確接收百分比（percent correct score）（%），這些訊息可讓治療師適當調整助聽器和／或電子耳蝸（Asp & Plyler, 1999），音調性測驗的字詞也被用來評估個案在音量（dB）增加時的表現，稱為音量表現（performance-intensity，簡稱 PI）函數。PI 函數是以正常聽力者的表現為依據，其最低的語音察覺閾（SDT）是 0 dB，當音量比 SDT 大 30 dB，聽力正常者的字詞測驗可得到 100 % 正確性，因此，聽力正常者得到正確率 100 % 的音調性最大值是在 30 dB，這是正常聽力者可達最高分（100 %）的最低音量。

　　要建立個案的音調性 PI 函數，以個案的 SDT 為基礎，每增加 10 dB 就呈現 10 個音調性字詞，例如，個案的 SDT 是 50 dB，那麼每增加 10 dB 就測 10 個音調性字詞（例如，60、70、80、90 和 100 dB），若得到最高分（100 %）

的最低音量是在 100 dB，則其音調性最大值對應的施測音量是 100 dB。這表示個案需要擴音 50 dB，才能夠達到在 100 dB 的音調性最大值，因此，這個個案的音調性最大值施測音量很大（相較於聽力正常者的音調性最大值所對應的 30 dB），且他的 PI 函數有個緩升的斜坡（a gradual slope）。

依據一般法則，PI 函數的斜率越陡，要達到音調性最大值所需的擴音越少。聽力正常者用同調號雙字詞（例如，電話、項鍊）所測得的 PI 函數相當陡峭，因為這些同調號雙字詞較易被接收，當聆聽者聽到「電」或「話」可能就會猜出「電話」這個語詞；相反地，無意義音節的函數較緩，因為聆聽者無法猜測，他必須既聽到子音又聽到母音，才能夠正確接收（例如，/ba/ 這個音，聆聽者必須聽到子音 /b/ 與母音 /a/），因為語音難度的關係，聽力正常者無意義音節的音調性最大值對應的音量大約是 40 dB 或更大的音量。

有些聽覺損傷個案有「滑落」（rollover）的 PI 函數，也就是助聽音量越大，他們的表現越差，例如，增加 20 dB 的擴音（從 60 dB 增加到 80 dB），表現卻從 80 ％ 降為 50 ％，這表示個案不能忍受更大的擴音音量，可能是因為響音重振，這個訊息有助於我們了解個案在擴音後的限制。

前面提到的 10 個音調性字詞，是由 3 個低音調性、4 個中音調性與 3 個高音調性字詞所組成，涵蓋了三個主要的音調性範圍。所以，五種呈現音量只要 50 個音調性字詞就可評估，如此安排可避免過度施測所造成的個案疲憊現象。相反的，語音均衡最大值測驗（Phonetically-Balanced Max Testing，簡稱 PB 測驗），聽力師在每個施測音量要測 25 個（半表）或 50 個（全表）字詞，而音調性 PI 函數則只用 50 個字詞，就可在五種音量（30、40、50、60 和 70 dB）完成測驗。當三種範圍（zones）的音調性群組字詞各在五種不同音量被量測的同時，不但個案的疲憊感被減輕，測量結果也提供了處遇計畫更多的訊息。

本書作者比較喜歡使用音調性最大值，因為全部音量的 PI 函數都被評量，因此減少了以估測方式所帶來的錯誤，Kaplan、Gladstone 和 Lloyd（1993）指出，只使用一個音量來估測語音均衡最大值（PB Max）並不是最好的方法，

畢竟增加施測的音量才會增加估測的準確性。

## ·)) 純音聽力檢查和語音聽力檢查的關係

純音察覺閾可用來做為周圍聽力損失的紀錄文件，而且也可提供更多訊息以進行診斷。就建立周圍聽力損失的完整性（integrity）而言，純音察覺閾測驗是一個有效的測驗，若有必要，更可用骨導測試來辨認中耳的問題。當一個有效的處遇將個案的表現改善 30 % 時，純音聽力圖仍顯示相同的聽閾；因此，純音察覺閾測驗不能用來預測其表現。

但是語調聽覺語音聽力檢查法除了可用最適當的疊字詞來幫助找出「聽覺孤島」，並且可用來決定個案殘存聽力的頻寬，這些訊息都有助於建立有效的處遇計畫。音調性測驗加上錯誤分析，對於擴音的音量與助聽器（或聽輔儀）頻率反應的調整，都提供有用的訊息，例如，以 /f/ 取代 /s/，提示了治療師如何去改變頻率反應的方向。對此個案，增加一些高頻和／或切掉一些低頻，就會將 /f/ 的錯誤音改為朝向目標 /s/ 的正確音。

在傳統聽力學中，語音均衡（PB）字詞表單被用來比較兩個助聽器或同一個助聽器的兩種設定。典型的 PB 測驗鼓勵個案猜測，而不是要求他們只重複說出聽到的字詞，這麼做無法真正測得個案聽的能力，若兩組 50 個 PB 字詞的測驗結果，只有一個字詞的差異（80 % 與 82 %），這 2 % 的差異並沒有太大的意義。根據個案真正聽到的內容來進行有效的錯誤分析，會讓 PB 測驗更有意義，但是多數情形中都沒有做錯誤分析，以致降低了運用 PB 測驗決定擴音的音量或評估成效的有效性。

總之，若正確運用語調聽覺語音聽力檢查法，會提供助聽器選配和電子耳蝸有用的訊息，例如，功能性的殘存聽力（包含「聽覺孤島」）、透過對個案更多的了解而做出更好的處遇計畫，以及改善他們在「真實世界」的表現。

# 功能性評估

　　功能性評估包括在聽力檢查室（test booth）外所進行的超語段和音調性評估，比較未助聽、助聽和聽輔儀的測驗得分，來決定個案的最適當的頻率反應（OFR）。理想的語調聽力檢查評估是在功能量測之前完成，兩種評估都很重要，可用來了解個案的大腦如何處理語音。

　　適當的診斷與有效處遇計畫的擬定都有賴於完整的評估策略，評估的程序要以聽力正常、溝通技巧正常、年齡水準適當的孩童和成人的常模為依據。但要留意避免對個案「過度施測」和「標記」，並且要依循證據導向（evidence-based）的模式。

　　語調聽覺法所強調的功能性評估是以提升有效的處遇為前提，例如，根據殘存聽力和／或錯誤分析，處遇程序（treatment protocol）的表現目標（performance targets）是什麼？是否務實且具有功能性？這些問題都是功能性評估程序的目標。

## •))) 用處遇策略來評估

　　要得到有信度且有效的量測，控制孩童的行為是必要的，有時行為管理不容易，且照顧者（caregivers）也未必能總是將孩童的行為控制好。對於這些個案，治療師必須是個能夠發展立即性的連結與控制的專家，並且通常不需媽媽在場。「艱難的愛」（Tough love）這名詞說明了這不是一個無意義的方法（no-nonsense approach），而是在這方法中，孩童要學習哪些是可被接受的行為，哪些是不被接受的行為。建立雙方良好的關係以及設立界限需要一些時間，因此，處遇課程需要有一系列的功能性評估，來了解訊息的可信度和效度，針對孩童對處遇的反應做錯誤分析，可提供重要的評估訊息並且提供未來處遇的目標，例如，孩童是否可模仿基本的多對一說話節奏型態？而孩童可能第五次上

課才達到目標。啟動（initiating）孩童的可刺激性（stimulability）不需要一開始就達到，但是對於實際的預後（realistic prognosis）和處遇計畫的發展都很重要。

就理想而言，評估和處遇都要用到醫學教育模式，克羅埃西亞薩格柏的語調聽語中心發展了這個模式，醫療人員需有處遇經驗，才能了解功能性評估和有效處遇之間的關係。

治療師與合適的醫療專家發展出密切的合作關係，這種關係隨著個案數不斷增加的電子耳蝸手術而更是普遍，醫生不只提供醫療權益證明單，也進行手術，外科醫師對於可提升病人手術結果的有效處遇深感興趣，如此也創造了有效的醫療與教育模式的整合機會。

理想上，標準的聽力檢查和前庭測驗應由個案的醫生（耳鼻喉科醫生或小兒科醫師）來完成，而聽力師則要確定已得到合適的醫療權益證明單，並且提供聽力學的診斷訊息。語調聽覺法的功能性評估應和這些診斷訊息相比較，來決定哪些有一致性以及哪些需進一步評估。

對於學前孩童，治療師應具備多種知識，包括發聲（vocalization）、認知、溝通、餵食、音韻、聽覺口語、發音長度、詞素（morphemes）、語言的標準化發展階段，可參照語言發展和語言異常的相關書籍，具備這些發展階段的知識很重要，可比較孩童現在的發展和「正常」發展之間的關係。

## •)) 超語段評估

在語調聽覺法中，第一步是要評估嬰幼兒的動作技巧，治療師可進行一些標準化的動作測驗，並諮詢物理治療師和／或職能治療師有關其他的評估訊息。若觀察到動作遲緩，就要做特定的前庭發展練習，這些練習已在第二章中詳述。

將治療師的說話聲透過聽輔儀以觸覺語音方式輸入，可決定嬰兒或幼兒是否可感覺與模仿說話節奏，說話節奏的觸覺輸入是透過音響板和／或一個或多

個振動器來呈現，振動器綁在嬰兒或幼兒的手腕或腳踝上。一般而言，周邊的振動語音輸入比中樞輸入還成功，但是如果中耳積水或中耳感染，在頭部做振動觸覺語音的輸入會較有效果，因為這樣會讓輸入的訊息繞道，避開 30 dB 的傳導性聽力損失。若出現傳導性聽力損失，必須要進行醫學處遇。

治療師要留意並觀察身體和／或面部緊張度的層次（這些緊張度與四肢的僵硬或鬆弛有關），並且要額外觀察周邊的（手和腳）緊張度和／或中央的（唇、舌等）緊張度，觀察是否周邊的緊張度和中央的緊張度一致並且有明顯的關係？這些在評估過程中都要做全面的考量。嬰幼兒的空間察覺度（spatial awareness）也要加以考量，是否這個孩童可察覺自己和他人的關係？是否能一面協調手臂、手、頭的動作，一面自由地向不同方向做動作？平衡感是否良好？如果孩童用手語溝通，他的手語是否流暢且有意義？是否可同時打手語並且流暢地說出口語？

在前語言超語段的評估中要試著回答前述這些問題，而超語段的評佑是在刺激反應誘發派典（stimulus-response elicitation paradigm）之後做錯誤分析，將七個說話參數一項項評估，也合併著評估（這七個參數是韻律、語調、緊張度、停頓、時間、音調、響度）。

治療師先評估嬰幼兒對聲音的最初反應，孩童是否可透過振動觸覺語音輸入感覺到說話節奏？是否經由耳機聽到聲音？對治療師說話聲音的「有」和「無」有什麼反應？是否可模仿基本的多對一的說話節奏〔例如 /babababa（停頓）ba/〕？如果孩童可以說出音節，就評估其他參數。

評估其他參數會問到的問題舉例如下：孩童是否能接收並模仿長時距與短時距的音節？是否可以以每秒五次的正常速率說出 /ba/ 或 /da/？是否可以用較快速率（如，每秒八個字）與較慢速率（每秒兩個字）的方式說話？當孩童說話速度改變時，是否仍舊能維持良好的音質與正確的構音？

## •)) 超語段測驗

田納西韻律和語調型態測驗（Tennessee Test of Rhythm and Intonation Patterns，簡稱 T-TRIP）有 25 個測驗項目，用原聲或錄音帶播放刺激音（Koike & Asp, 1982），測驗項目從一個音節到九個音節都有，其韻律、節奏、語調型態都不同，測驗結果將與三至五歲孩童的標準常模做比較（分別是 60 % 和 86 %）。

## •)) 音調性測驗

田納西音調性字詞與句子測驗（Asp & Plyler, 1999）包括低、中、高音調性三類（見表 3-2 和表 3-3），每類有五個項目；例如，低音調性字詞可能是「moon」，句子可能是「Pull the Puppy Up」，相對的，用「cheese」和「She Is My Sister」分別做為高音調性的字詞和句子。測驗後，計算各類音調性字詞和句子正確得分百分比（例如，五個字對了四個，正確得分是 80 %）。

母音和子音在音調性字詞測驗的正確得分也被分別計算，可針對處遇提供功能性評估的訊息。通常，母音正確得分百分比和句子的得分相似，如果幼童有良好的韻律和語調型態，他的字詞得分可能比母音和句子低，因為字詞中的子音被聽錯（例如，把 /sat/ 聽成 /hat/）。句子的得分可正確預測此孩童在日常會話中的表現，對於韻律和語調型態接收良好的孩童尤其如此。

表 3-2 ▶ 音調聽字詞測驗

受測者：　　　　　　　施測者：

日期：

情境：未助聽距離　聽覺／聽輔儀　助聽器　電子耳蝸

### 測驗 1

**低音調性**

音素：第一個 子音 母音 子音 第二個

1. moon /mun/
2. rope /rop/
3. bowl /bol/
4. bone /bon/
5. move /mov/

低字詞＝第一個 ＿＿＿% ，第二個 ＿＿＿%

**中音調性**

音素：第一個 子音 母音 子音 第二個

1. dad /dæd/
2. hot /hat/
3. duck /dʌk/
4. tag /tæg/
5. tack /tæk/

中字詞＝第一個 ＿＿＿% ，第二個 ＿＿＿%

**高音調性**

音素：第一個 子音 母音 子音 第二個

1. fish /fɪʃ/
2. teeth /tiθ/
3. cheese /tʃiz/
4. thief /θif/
5. sit /sɪt/

高字詞＝第一個 ＿＿＿% ，第二個 ＿＿＿%

總分＝第一個 ＿＿＿% 　第二個 ＿＿＿%

總分（第一個＋第二個）＿＿＿%

### 測驗 2

**低音調性**

音素：第一個 子音 母音 子音 第二個

1. boom /bum/
2. pool /pul/
3. robe /rob/
4. mole /mol/
5. roam /rom/

低字詞＝第一個 ＿＿＿% ，第二個 ＿＿＿%

**中音調性**

音素：第一個 子音 母音 子音 第二個

1. hat /hæt/
2. rag /ræg/
3. rock /rak/
4. tag /tæg/
5. cut /kʌt/

中字詞＝第一個 ＿＿＿% ，第二個 ＿＿＿%

**高音調性**

音素：第一個 子音 母音 子音 第二個

1. kiss /kɪs/
2. this /ðɪs/
3. cease /sis/
4. chick /tʃɪk/
5. keys /kiz/

高字詞＝第一個 ＿＿＿% ，第二個 ＿＿＿%

總分＝第一個 ＿＿＿% 　第二個 ＿＿＿%

總分（第一個＋第二個）＿＿＿%

表 3-3 ▶ 音調性句子測驗

**測驗 1**

| 低音調性 | 字數 | 正確率 | 中音調性 | 字數 | 正確率 | 高音調性 | 字數 | 正確率 |
|---|---|---|---|---|---|---|---|---|
| 1. Pull the puppy up | 4 | | 1. Tell Tom to come | 4 | | 1. My feet itch | 3 | |
| 2. Mama blew a bubble | 4 | | 2. Let's drink some coke | 4 | | 2. She is my sister | 4 | |
| 3. Warm up the bread | 4 | | 3. We ate dinner | 3 | | 3. Tea is cheap | 3 | |
| 4. No more bubbles | 3 | | 4. He wrote a letter | 4 | | 4. She saw the show | 4 | |
| 5. Up goes the boy | 4 | | 5. Give me a light | 4 | | 5. Is your sister sick? | 4 | |
| 總分 | 19 | % | 總分 | 19 | % | 總分 | 18 | % |

測驗 1 全部——總共（56＝19＋19＋18）＝ ___ %

**測驗 2**

| 低音調性 | 字數 | 正確率 | 中音調性 | 字數 | 正確率 | 高音調性 | 字數 | 正確率 |
|---|---|---|---|---|---|---|---|---|
| 1. Blow up the ball | 4 | | 1. Tell the cook it's good | 4 | | 1. My sister's sick | 3 | |
| 2. No don't do that | 4 | | 2. He hit his lip | 4 | | 2. Show Sally your socks | 4 | |
| 3. Buy mama an apple | 4 | | 3. Let's play house | 3 | | 3. She saw zebras | 3 | |
| 4. Blow bubbles at me | 4 | | 4. Mail the letter today | 4 | | 4. It's easy to seesaw | 4 | |
| 5. Mama made the puppy | 4 | | 5. Tell Linda hello | 3 | | 5. Sally is sweet | 3 | |
| 總分 | 20 | % | 總分 | 18 | % | 總分 | 17 | % |

測驗 2 全部——總共（55＝20＋18＋17）＝ ___ %

受測者： 施測者：

情境：未助聽距離 日期：

聽覺儀 聽覺／聽輔器 助聽器 電子耳蝸

用於成人的音調性測驗分成五個範圍：低、中低、中、中高、高音調性，這是各個音素頻譜的接收範圍，五個範圍都可用來進行測驗，但是為了簡化說明，以下只用三個範圍來說明，例如，/sisi/ 有高音調性的子音 /s/ 和高音調性的母音 /i/，從同一種音調性中選擇子音和母音（同質音），可針對特定的音調性做測驗。

如果從不同的音調性類別選擇子音和母音（異質音），那麼同一時間測驗的就不止一個音調性範圍，例如，/mimi/ 有低音調性的子音 /m/ 和高音調性的母音 /i/，兩種音調性同時被量測。異質音的測驗項目（例如，/mimi/）會比同質音的項目（例如，/sisi/）容易接收；當測驗項目是高音調性的同質音時，接收最為困難。

可用無意義音節、字詞或句子進行音調性測驗；就無意義音節而言，語調聽覺三音節測驗（Verbotonal Three-syllable Test），包含低（/mumu/）、中（/lala/）、高（/sisi/）三種音節，其設定的目標範圍包括：500 Hz 以下、1000 Hz 左右和 2000 Hz 以上，若孩童無法正確接收高音調性，那麼他有高頻聽力損失；如果目標範圍是中音調性和高音調性（分別是 /lala/ 和 /sisi/），而他發音錯誤，這表示他有中頻和高頻的聽力損失，以此類推。

測驗時，孩童或成人模仿說出他所聽到的刺激音，治療師會指示他們不要猜測，作答時的替代音與錯誤音（例如，/sisi/ 說成 /ʃiʃi/）提供了線索，讓治療師知道哪個音調性的接收與產出有問題，導致說和聽的問題。這對處遇策略是很重要的提示，提示的範圍包括身體動作、語音矯正以及在聽輔儀中調整過濾器。

語調聽覺音調性字詞測驗（Verbotonal Tonality Words Test）的三個音調性範圍各有五個測驗項目，治療師每個字詞都說兩次，讓個案模仿著說出，根據個案模仿的正確性來評分，並且也將個案針對每個項目所說出的音素記錄下來。接著，治療師計算每個音調性範圍的正確得分百分比；例如，低音調性 100 ％、中音調性 60 ％和高音調性 20 ％，這樣的結果顯示個案在中音調性和

高音調性範圍有顯著的接收問題，欠缺低音調的大腦聽覺移轉功能。這和之前三音節測驗的結果相同，通常這兩個測驗的結果相似。

語調聽覺音調性句子測驗（Verbotonal Tonality Sentence Test）中，每個句子都是以同質的音調性字詞所組成，例如，「Pull the Puppy Up」測驗的是低音調性範圍，因為所有的字詞都屬於低音調性的範圍，相反的，「Tell Tom to Come」是中音調性範圍，「My Feet Itch」則是高音調性範圍。所有的句子都是三個字或四個字，計算每個句子中正確字詞的得分，如前所述，計算測驗中每個音調性範圍的正確得分百分比。在句子測驗、字詞測驗與三音節測驗中，各對應的音調性範圍得分通常是相似的。

音調性測驗施測時沒有用到視覺線索，測量的是個案的聽覺技巧，所有的測驗項目都以最舒適音量（MCL）來測，以確保個案能有最佳的表現。測驗的耳朵可包括未助聽的一耳、戴上助聽器的一耳、植入電子耳蝸的一耳等。測驗可在安靜或有噪音（如，+5 dB S/N）的環境中進行；並且測驗項目可以透過聽力檢查計在聽力室中播放，或是在治療室最適當的距離說出。熟練的語調聽覺治療師會以最舒適的說話音量說出每個測驗項目，以之建立具有信度的測驗結果。

## •))) 比較未助聽、助聽和使用聽輔儀的表現

前面的章節曾提到，未助聽距離是在孩童的「優耳」測得，藉著弗來傑距離表可以預測最適當的聆聽距離，例如，依據弗來傑距離表，50 dB 聽力損失的最適當距離是 3 英尺。

未助聽與助聽情境比較時，要以相同的「最適當距離」來比較。將未助聽與助聽情境測得的音調性測驗正確得分百分比互相比較，如果兩個情境都是以 MCL 施測，正確得分百分比會很相似。之後增加距離，再次評估助聽情境（例如，15 英尺），如果助聽器配置適當，正確得分百分比會很相似（例如，3 英尺得 80 ％，15 英尺也是 80 ％）。如果分數相似，代表助聽情境下，孩童的

最適當聽覺距離被增加為 15 英尺，並能維持著相同的表現（正確得分百分比），這就是我們希望得到的測驗結果。

## ·)) 在適當情境與不利情境評估聆聽能力

聽輔儀有餘響和噪音的套件（accessories），可用這些裝置建立不利的聆聽情境。如果孩童在安靜情境中表現很好（例如，100 ％），就可使用這些附加裝置，以餘響時間（reverberation time，簡稱 RT）和噪音來製造不利的聽覺情境。在適當的（安靜）聽覺情境中加上餘響和噪音，RT 的範圍從 0 秒到 2.2 秒，訊噪比的範圍從 +30 dB S/N 到 -15 dB S/N，分別評估餘響和噪音兩種情境，以決定各情境所需要的處遇音量，幫助孩童為回歸班級後的不佳聆聽情境以及其他有噪音的環境做好準備。

## ·)) 成人的評估

成人的評估和先前以電子耳蝸與助聽器使用者為對象所說明的音調性測驗程序相同，透過音調性錯誤分析來調整電子耳蝸與助聽器進而改善使用者的表現，是一種有效的方法。

無論是否罹患失智症，年長者通常都有額外的中樞處理問題，隨著年齡增加，大腦的運作就不如年輕時有效率，因此年長者對於聽覺輸入通常需要較長的時間處理和反應。這群成人還要再另外評估他們對不同說話速度的反應，包括慢速（每秒兩個音節）、正常速度（每秒五個音節）和快速（每秒八個音節）。年長個案的功能性評估結果可提供處遇有用的訊息，包括引導語調聽覺法的方向、改進個案戴著助聽器和／或電子耳蝸的表現和滿意度。

## 聽輔儀

聽輔儀是個進步的數位科技，輔助語調聽覺法的處遇。此訓練儀器和處遇

策略所秉持的是相同原則，使用這套儀器的目標是讓病人可以用正常音質把話盡可能的說清楚，並且能在安靜的環境中聽懂別人說的話，最終能在有噪音和餘響的情境中聽懂別人說的話。聽輔儀讓語調聽覺治療師能夠精確控制語音的音響訊號，同時評估個案的表現。

·)))  **頻寬**

聽輔儀涵蓋 12 個音程，頻寬從 2 Hz 至 20000 Hz，低頻麥克風很靠近治療師，以便收取治療師的韻律、語調和音素等說話型態，這個儀器透過高音質的振動器和／或雙耳耳機，以先前建立的最舒適音量（MCL）輸入語音。當孩童對治療師的語音輸入做出反應時，就將麥克風放在孩童的口部附近，擴大孩童對自己口語型態的感覺和聽覺，並且也和治療師的口語型態做比較。把麥克風靠近孩童的口部也是一種線索，提示著孩童去模仿治療師說話。

這套訓練儀器有延展的頻寬，振動器是低頻的 2 Hz 至 1000 Hz，雙耳耳機的範圍是 20 Hz 至 20000 Hz，整體的頻率範圍涵蓋了 12 個音程，從 2 Hz 至 20000 Hz，與孩童大腦內的 12 個音程相符合。這種延展的頻寬提供孩童最適當的學習情境，讓他們得以接收治療師的說話節奏與自己的說話節奏。

語調聽覺策略是以孩童的發展模式為依據，將延展的頻寬與大腦的頻寬對應。傳統的處遇策略是以成人模式為依據，也就是較窄的頻寬（3 個音程），這個範圍中包含了電話語音的中心頻率（500-3000 Hz），且提倡助聽器的使用，強調在聽力損失最嚴重的高頻率要有較多的擴音。很不幸的，在這種傳統的成人模式中，治療師無法控制助聽器的頻率反應與音質，並且通常也沒有振動觸覺輸入語音的選項。相反的，語調聽覺法可以控制頻寬，也提供振動觸覺的語音輸入，更會留意透過聽輔儀輸入的語音音質。語調聽覺策略用到更多的控制，並且對於聆聽技巧的改善很有效，而這正是口語溝通技巧成功的關鍵。

## •)) 響度

讓年幼孩童有愉快的語音輸入經驗可說是相當的重要，盡量避免因過大的響度而造成痛苦（響音重振）。聽輔儀有延展的頻寬，12 個音程的頻率範圍所需要的擴大音量，比 3 個音程的頻率範圍還小，這是因為孩童先是可以「感覺」到語音韻律，接著是可以聽到語音韻律。一般而言，透過助聽器的 3 個音程來輸入語音，所需的音量比用聽輔儀以 12 個音程輸入語音還大 20 dB，這些額外的音量通常都令人感到不舒服，孩童因此經歷到不愉快的聆聽經驗。

運用語調聽覺法時，要針對每個耳機和振動器個別調整其 MCL。建立 MCL 的方式是要孩童模仿治療師的說話節奏（例如 /ba ba boo/），藉著振動器傳來的說話節奏，孩童體驗到振動觸覺，在這同時，孩童學習到如何聽取透過耳機傳來的聽覺輸入。以音量測定計（sound level meter，簡稱 SLM）量測耳機內的 MCL，一方面可確定 MCL 高於聽閾，並且也確定口語訊號沒有被過度放大。

另外，藉著聽輔儀，治療師可藉由過濾器分別控制低頻與高頻併用的雙重模式音量，低頻和高頻音量都可以用 1 dB 的步距調整，使二者達到均衡狀態。

因為每位孩童的每個耳朵都有其獨特的 MCL，有嚴重說話問題的聽力正常孩童可能與極重度聽力損失孩童安置在同一個處遇團體，接受相同的治療。訓練儀器要依據孩童的 MCL 進行個別調整，才能夠讓他們在聽取治療師的說話節奏與聽自己的說話節奏時，達到最佳程度。

## •)) 訊號噪音比值（訊噪比，簡寫為 S/N）

聽輔儀可提供安靜狀態語音的訊噪比（+30 dB），因為麥克風被放在離治療師或孩童的嘴巴 3 英寸左右。在 3 英寸的距離下，語音訊號以 85 dB SPL 的音量進入系統，比正常會話語音的 65 dB SPL 大 20 dB，而正常會話語音 65 dB

大約是在 3 英尺的平均距離所測得的音量。3 英寸的麥克風位置是個最適當的聽覺情境，可製造 +30 dB S/N，因為公立學校的教室或中心的周圍噪音不超過 55 dB SPL（85 dB－55 dB＝30 dB S/N），所以，振動器和雙耳耳機都會確保有 +30 dB S/N，可避免周圍噪音干擾治療師或孩童的語音訊號。簡言之，如此一來，就不會有周圍噪音的低頻率向上蓋蔽（upward spread of masking）高頻說話聲的現象。

有些處遇策略提倡「靠過去」（leaning over）或坐在孩童助聽器的麥克風旁，但這樣的方式並不務實，並且不是自然的聆聽情境。語調聽覺法的策略是一面坐在孩童的正前方，一面藉著聽輔儀來輔助訊號的傳輸。在這樣的座位安排下，治療師說話時就可以遮住臉部，減少視覺線索，好讓孩童聆聽技巧的運用最大化。整體來看，治療師的語音輸入和聽輔儀都提供了學習時的最適當聆聽情境。

## ·)) 一致的擴音

每天固定使用寬頻及+30 dB S/N，可提供幼童適當的聆聽情境來接收和內化說話節奏，這便是聽輔儀非常重要的原因：聽輔儀是一個有效的工具，可幫助孩童建立身體與耳朵的連結，而這是語音處理能力所必需。

聽輔儀在處遇課程中會用到，並且不需依賴父母或孩童才能正常運作，例如助聽器需要經常更換電池。固定使用聽輔儀，透過儀器提供高品質的擴音和振動觸覺語音輸入，對於聆聽技巧和說話技巧在有限時間內（limited time windows）的正常發展，可說是非常關鍵。

## ·)) 電子耳蝸策略

用正常的說話節奏刺激孩童的大腦，是一種有效的「電子耳蝸植入前」（precochlear implant）策略，聽輔儀透過觸覺振動的語音輸入和雙耳耳機的刺激，提供了最適當的學習和處遇情境。在這個最適當的情境中，治療師得以評

估孩童的潛能，究竟是要持續使用助聽器或是要植入電子耳蝸（cochlear implant）。

若父母為其子女選擇電子耳蝸，大腦對於說話節奏的處理可做為成功使用電子耳蝸的基礎。在植入電子耳蝸之後，聽輔儀被用來提供振動觸覺語音輸入。用這種方式，孩童從聽輔儀可感覺到語音，也可經由電子耳蝸聽到語音。另外，孩童的對側耳可戴上單耳耳機，用來幫助發展語音的雙耳處理。有了聽輔儀，孩童使用電子耳蝸的成功率會提升，而這會增加他成功回歸的可能性。

## ·))) 從振動觸覺到氣導

如前所述，嬰兒最先是躺在地板或搖籃內的音響板上，音響板下連接著三個振動器，會開始接收振動觸覺語音輸入，當治療師、父母或嬰兒發出口語時，嬰兒會經由全身感覺到說話節奏，這就是所謂的身體接收（body perception）。在這樣的情境下，前語言的對話（preword dialogue）得以建立；治療師或父母模仿嬰兒的喃喃語，嬰兒則嘗試模仿治療師或父母的口語型態。這個前語言的對話是個基礎，藉之可發展較高層次的語言和更複雜的語音對話。

在處遇過程中，用魔術綁帶（Velcro band）另外綁一個振動器於嬰兒的腳或手臂上，就好像戴腕錶一樣。當嬰兒可以坐直並且開始爬行時，可綁一個或兩個振動器，此時就不需要再用音響板。當幼童能習慣性地戴著雙耳耳機時，就開始透過耳機來聆聽先前以振動器「感覺」的聲音，這是建立聽覺優勢（auditory dominance）的開始，當孩童可用正常的音質模仿並記憶三至六個音節的韻律和語調型態時，聽覺優勢就顯現了。耳機提供的語音訊息比振動器多，所以孩童的說話節奏型態穩固時，振動器就可以撤除不用。

有了固定的振動觸覺語音輸入，治療師通常會觀察到嬰兒的音質和說話節奏的處理都有明顯的進步。語調聽覺法被運用的 60 多年來，沒有聽說有任何個案抗拒振動器或耳機的使用。治療師有技巧的建立情境，讓孩童覺得配戴振

動器和雙耳耳機是個愉快的經驗。通常用小團體方式進行處遇，孩童會跟著其他孩童做動作，這種同儕的力量幫助了孩童，讓他們得以接受新的且不熟悉的處遇情境。

## ·)) 語音頻譜的變化

在一系列的成功處遇課程後，孩童會偏好聽輔儀在頻譜的變化（音響過濾器），例如，600 Hz 的低通過濾器強調韻律和語調型態，這對說話節奏的學習和記憶是必要的，而這些過濾器藉著低頻進行大腦聽覺移轉，因此也為聽覺重建（restructuring of hearing）做好準備。

雙重模式的頻譜變化（spectral changes）將低通與高通過濾器合併使用，用來改善說話和語音處理。低通過濾器是最重要的成分，因為強調了說話的韻律和語調型態，而這會提升孩童接收高頻的語音能量。

## ·)) 用樞紐頻率和斜率控制語音頻譜

聽輔儀的每個過濾器都有其斜率和中心頻率，例如，低通過濾器有從 90 Hz 至 4000 Hz 的中心頻率，每個中心頻率向下都有每音程 0、6、12 或 18 dB 的斜率，向上有每音程 20 或 60 dB 的斜率。在 1000 Hz 的中心頻率，所謂 6 dB 的下降斜率，是指在 500 Hz 下降 6 dB，在 250 Hz 也下降 6 dB，在 125 Hz 再下降 6 dB，以此類推。換言之，從 1000 到 125 Hz，訊號音量下降共 18 dB。這個低頻斜率對孩童的發展十分關鍵，當孩童的聆聽技巧有進步時，所需的低頻能量較少，聽輔儀提供聽力損失者所需要的較廣範圍，其優點是能夠藉著音響過濾器來控制說話訊號輸入的音響（見圖 3-2 和圖 3-3）。

CONTROL PANEL: FIVE CHANNELS

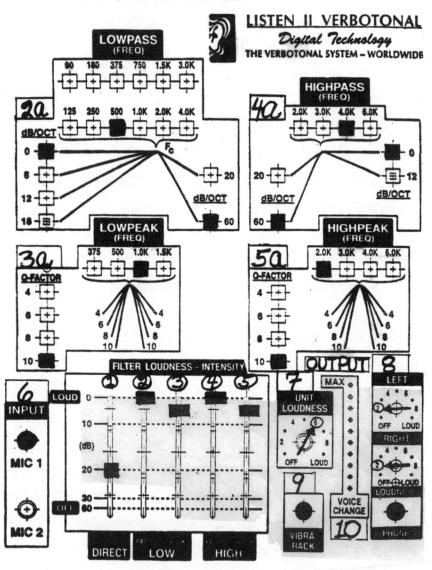

圖 3-2 ▶ 五個頻道的控制面板

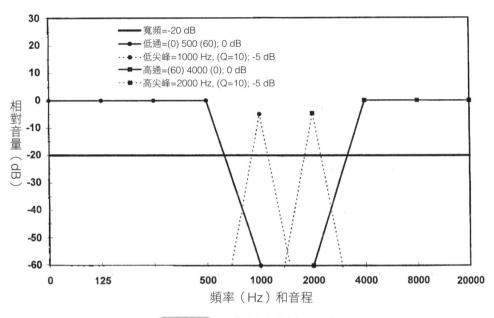

圖 3-3 ▶ 五個頻道的頻率反應

在運用語調聽覺法時，所有的嬰兒都是以寬廣的頻率波帶開始（2 Hz-20000 Hz），完整地刺激大腦寬廣的頻帶。在正常的母嬰互動中，以聽輔儀呈現媽媽寬廣的語音頻譜，當嬰兒內化正常的韻律和語調型態後，所需要的低頻語音較少，所以用到的斜率是每音程向下 6 dB 或 12 dB。至於朝向高頻則用每音程 20 dB 或 60 dB 的斜率，如果選的是每音程 60 dB，聲音會與高頻有較大的區隔（large separation）；如果選的是每音程 20 dB，那麼語音在低頻與高頻的區隔不大。

因為低頻提供韻律和語調型態，所以一開始先設定低頻的斜率和中心頻率。低通有 12 個中心頻率，而高通只有 4 個中心頻率。額外的中心頻率有其必要性，因為這樣才能夠讓治療師為每個孩童選擇最適當的低頻，並且當孩童的聆聽技巧有進步時，治療師可以做適當的調整。

高通過濾器有 4 個中心頻率（2、3、4、6 kHz），朝向低頻方向的斜率是

每音程 20 dB 或 60 dB，朝向高頻方向則是每音程 0 dB 或 12 dB 的斜率。如前所述，在高頻和低頻之間，每音程 60 dB 的斜率會在高低頻率之間製造較大的區隔，而每音程 20 dB 的斜率則會製造較小的區隔。

用在團體課的聽輔儀具有一個寬頻和一個低通過濾器，而最常用在個別處遇的聽輔儀則有五個頻道：寬頻、低通、高通、低尖峰和高尖峰過濾器，這五個頻道都可用不同的音量播放聲音。將最大聲的頻道（通常低通的音量最大）設定在孩童的最舒適音量（MCL），其他頻道則使用與 MCL 相同或較低的音量；較小音量的頻道註明是 -5、-10、-20 dB 等，並且將聆聽情境〔最適當的頻率反應（OFR）〕以特定的標註系統確實註記。

## ·))) 頻譜變化：標註系統

聽輔儀的標註系統（notation system）包括中心頻率（Hz）、斜率（dB/octaves）和音量（dB）。低通加高通過濾器的雙重模式情境會是 LP（低通）：（0）1000（60）＝0 dB，HP（高通）：（60）4000（0）＝-5 dB。若其他三個頻道也用到，可能會是 BB（寬頻）＝-20 dB，LB（低頻）＝-5 dB，和 HB（高頻）＝-5 dB。適當改變這五個頻道的音量，孩童的大腦學習接收到的低頻道訊息比高頻道多，或者二者所接收到的訊息等量。寬頻（broadband, BB）的音量範圍包括最大聲的舒適音量（MCL＝0 dB）到最小聲的音量（-60 dB）。過濾器設定的最小聲音量 -60 dB，可讓大腦以最佳化的方式接收最適當的頻率反應（OFR）。隨著寬頻的音量轉大或轉小，寬頻的「背景聲音」會跟著改變，這樣的變化可用來發展孩童的聆聽技巧。

## ·))) 最適當的頻率反應

最適當的頻率反應（OFR）通常總是從寬頻開始，第一個過濾器情境是低通過濾器，因為其中包含治療師和孩童口語型態中的韻律和語調，接下去的進展步驟是：

步驟 1 ＝寬頻（BB） 　　　　　　　　　　（聆聽所有的頻率）

步驟 2 ＝低通（LP）（0 dB 斜率） 　　　　（低音移轉）

步驟 3 ＝低通（LP）（6 dB 或 12 dB）＋高通（HP） 　（雙重模式）

　　（3a）例如，750 低通加 4000 高通

　　（3b）例如，1000 低通加 2000 高通

步驟 4 ＝寬頻（BB）加步驟 2 或步驟 3

　　（4a）＝-6 dB，數位助聽器或電子耳蝸使用者

　　（4b）＝MCL，聽力正常但是聽覺處理異常（APD）者

對於比較容易的個案而言，上述四個 OFR 步驟可能需要 1 週至 12 週的時間，但是困難的個案則需要一年到六年的時間；無論聽力嚴重程度如何，其聆聽的進展相似，不同的是進展速率。

## •)) 新的數位科技型號

聽輔儀有不同型號，但所有型號都是以相同的語調聽覺處遇策略為基礎，第一型有兩個頻道（BB、LP），第二型有五個頻道（BB、LP、HP、LB、HB）。第一型用在團體年幼孩童（六至十人）的韻律或語調層次，或是用在個別處遇；第二型可被拿來當第一型用，或是拿來用在團體或個別處遇的音素層次。這兩種型號的差異在於第二型用在音素和字詞層次比較有效率。第三型只有些微的差異，其低頻和高頻的窄波帶是全音程寬，並且用的是尖峰過濾器（peaking filters），此型號在調整出最適當的全音程時有一些優點。第四型是一個特定三頻道的組合器，包括頻譜（過濾器）和時間（延宕）訊息，低通和高通過濾器的時間延宕（temporal delays）從 0 毫秒到 1 秒，這種延宕對嚴重說話異常（如，失語症和口吃）、外語學習和發音矯正都特別有效。這四種型號中的數位科技都與數位助聽器和電子耳蝸相容。

有些聽輔儀可手提（外面罩著攜帶盒），並且使用者易上手，使用期可達

40 年，並且事實證明長期使用的狀況十分良好。

## ·))) 附加裝置

聽輔儀的附加裝置都具有高品質，麥克風是現代的電容（electrocondenser）麥克風，加上一個可調整的「鵝頸」（gooseneck）座，治療師戴著前胸座（breastplate）用來放置麥克風，使之靠近口部。如前所述，麥克風如此靠近口部（3 英寸內）為孩童創造了安靜的聆聽情境（+30 dB S/N），治療師要將麥克風移近孩童也很容易，如此可確保孩童在相同安靜的聆聽情境聽自己說話。至於訊號的輸出，聽輔儀給每個孩童各一個振動器和一副雙耳耳機；嬰兒則使用音響板，一段時日後才將振動器綁在孩童的手腕上。

雙耳耳機是全罩式（circumaural），罩在個案耳朵上。戴在這個部位可將室內噪音減少 30 dB（例如，55 dB 的周圍噪音將被減為 25 dB），全罩的設計也形同是治療師低頻語音的共鳴體，電容麥克風對低頻的強調、全罩式耳機和振動器，都幫忙提供了更加延展的低頻，可對應孩童大腦的寬頻。

治療師使用聽輔儀時，會用到一個或兩個長排裝置，上面各有五組輸出器，每組輸出器有三個音量調整鈕，分別針對左耳、右耳、振動器做調整，一個長排可同時刺激五個孩童，兩個長排則可對十個孩童做治療。

治療師用音量測定計（SLM）來驗證與校準每個耳機的音量（dB），例如，SLM 能將測得的 80 dB SPL 的語音轉換成 60 dB HL（減 20 dB），並且這 60 dB HL 將被判斷是否與孩童的語音接收閾（SRT）相容，以及這個音量是否是該耳的最舒適音量（MCL）。

SLM 可用來驗證治療師和孩童的口語型態，也可驗證 MCL，SLM 確保適當的音量，且盡量避免過度擴音的可能性，所以可為孩童帶來愉快的聆聽經驗。

聽輔儀將麥克風、振動器和雙耳耳機以特殊的線連接到儀器的硬體系統，這個硬體將團體活動空間限制在半徑 15 英尺之內，有限的空間讓六至十個孩

童的小團體得以被掌控，也有助於以團體的方式學習。治療師的聲音被設定為比團體內的其他孩童稍大，所以治療師的聲音成為「示範的聲音」，並且可引導活動。對某些個案，用無線麥克風可以讓處遇情境的限制比較小。

## 電子耳蝸和助聽器── 處遇

　　進步的數位科技使預後變好，包括改善各類溝通問題的語音處理和表達。新的數位科技帶來電子耳蝸、助聽器和現代化聽輔儀的發展，為了達成和實現聽力損失孩童更佳的預後，在最適當的學習情境中運用適當的新科技刺激孩童的大腦，是很重要的。

### •)) 新科技─電子耳蝸

1. **數位化的語音**──有了新的數位科技，正常會話語音得以被瞬間轉變成電腦可處理的數位碼，電腦可以無數種方式修改數位碼以及將結果呈現給孩童的大腦，最大的挑戰是為孩童在每個階段選擇最適合其大腦處理聽覺輸入訊號的數位碼。

2. **電子耳蝸的迷你化** ── 電子耳蝸科技已把語音處理器（speech processor）從「體配式」演化到「耳後式」，接下來的革命性發展是從「耳內的」處理器進展到完全植入於「皮膚下的」處理器。這些發展階段之所以可行是因為數位電子的迷你化，如此一來對於使用者更具有吸引力，因為外觀比較不會因為不同於聽力正常者而引人側目。

3. **基本成分**──語音處理器上的麥克風收集說話者的語音訊號，也收集到環境噪音。語音訊號經語音處理器數位化後，透過電磁（electromagnet）（位於乳突狀皮膚的兩側）傳送來啟動電極，而電極是透過手術植入左耳或右耳的耳蝸內。外科醫生依循標準的手術程序，將電極植入耳蝸並置於靠近蝸軸處。蝸軸在耳蝸的核心，包含著螺旋神經節，是上傳（輸

入）聽覺神經纖維細胞本體的集結，位於耳蝸毛細胞之後，聽覺神經之前。

由於感覺神經性聽力損失者的毛細胞有所損傷，電極植入的位置十分重要，因為會直接電刺激螺旋神經節的細胞本體，主要的概念是不經過受損的毛細胞，而繞道去直接刺激螺旋神經節（聽覺神經）。

電極陣列的長度和電極植入的深度都很重要，因為攸關能否建立一個寬廣的頻帶來對應音響特定部位組織的頻率。有一家電子耳蝸廠商強調他們使用較長的電極（31 毫米），若完全植入到耳蝸頂部，可刺激語音在低頻率的韻律和語調。

語音處理器可將至多 22 個頻道程式化（programmed）〔即製圖（mapped）〕，涵蓋 300 Hz 至 5000 Hz 的頻率範圍，但是，語音處理器若要刺激較廣的耳蝸範圍（20 Hz-20000 Hz），處理器和電極就需要覆蓋整個頻率範圍。因為從耳蝸到大腦的音響特定部位組織在所有的神經層次都相互連結，因此耳蝸的音響特定部位刺激對「高傳真」的聽力很重要，而這是經由電子耳蝸的主要成分來達成，包括麥克風、聲音處理器、電磁連結器（electromagnetic couplers）和植入的電極陣列。

4. **製圖（mapping）：聲音處理器的程式化**——病人從植入術復原後，聽力師調整處理器每個電極的察覺閾和最舒適音量（MCL），也就是將電子耳蝸「打開」（turns on），透過連線到電子耳蝸的電腦來進行調整。年幼嬰兒和幼兒的閾值是以行為反應來決定（例如，眨眼），這個過程非常困難，有時甚至會讓幼童覺得不愉快。成人的製圖過程較容易，因為成人可以對每個聲音做出有意識的反應，且能描述其特徵。

## ·)) 新科技—助聽器

過去 50 年來，傳統的助聽器已由體配式進展為耳道式。正如同電子耳蝸，助聽器也有新的數位科技，並且被縮小到可放在耳道內。連接著數位助聽

器的電腦，可針對每位個案調整助聽器的每個頻道，數位助聽器和電子耳蝸在這方面非常相似，都是運用新科技來配置（fitting）或進行程式化（programming）。因著科技的推陳出新，將輸出訊號與耳蝸到大腦的音響特定部位予以連結（aligning）更具多樣性選擇。

## ·)) 殘存聽力：是否有功能？

過去兩百年來，很多學者強調殘存聽力的重要性，大部分專家也深表同意，然而，如何去辨識殘存聽力並予以發展則不很明確。

技術上，殘存聽力是因耳蝸感覺神經損傷造成聽力損失後所殘存的聽覺敏感度。聽覺敏感度的測驗方式是度量 125 Hz 至 8000 Hz 的純音察覺閾。通常，大部分的個案在 2000 Hz 至 8000 Hz 範圍有高頻聽力損失，且在低頻 125 Hz 至 1000 Hz 範圍顯示出較佳的聽閾，低頻可能比高頻的敏感度好 20 dB HL 到 80 dB HL。從解剖學來看，耳蝸的頂部對低頻較具敏感性，而底部對高頻較具敏感性，這些訊息對於了解耳蝸的音響特定部位十分重要。

語調聽覺策略一向都相當成功，因為它強調著要將較敏感的低頻範圍最大化，並且讓這個部分有功能。為了要有功能，聽輔儀被用來刺激低頻的殘存聽力，用以發展孩童自然的知覺移轉，這種發展敏感性最佳頻率範圍的處遇策略也被用在助聽器的配置，先是從語調聽覺寬頻助聽器開始，助聽器的頻率反應包含低頻（125-1000 Hz），可將大腦接收說話韻律和語調的能力最大化。如前文所述，說話的韻律和語調提供了接收英語 43 個音素的基礎。

相對的，多數傳統的助聽器配置策略依循聽力損失的「鏡影法」（mirroring），這個方法在聽力損失最嚴重的高頻範圍做最大的擴音（以 dB 為單位的增益值），而在低頻範圍給予最少的擴音。事實上，鏡影法中沒有在低頻擴音，因為擔心潛在的向上蓋蔽，也就是害怕環境噪音可能會干擾（蓋蔽）高頻能量較弱的子音。這個傳統的假設堅信母音是在低頻，子音在高頻，這和音調性的語調聽覺策略不同。在音調性的概念中，母音和子音涵蓋了從低到高

的全部範圍（例如，/i/ 是高音調性的母音，/b/ 是低音調性的子音），而聽輔儀在安靜情境中（+30 dB S/N）的處遇，避免了任何來自環境噪音的向上蓋蔽。

因此，傳統助聽器的配置不經過處遇，期望著將聽力回復正常而在高頻擴音，其目標是在聲場中助聽聽閾小於等於 25 dB HL；然而，4000 Hz 未助聽的聽閾如果是 95 dB HL，需要 70 dB 的擴音才能達到 25 dB HL 的助聽聽閾（95－70＝25）。用這個傳統的方法會產生問題，因為大於等於 70 dB HL 的未助聽聽閾中，高音量的擴音會在死亡區域（dead zones）產生知覺的扭曲（perceptual distortion），因為耳蝸中的毛細胞已受損。在這一類的例子中，助聽聽閾很少達到 25 dB HL。

因為聽力正常的母語說話者可在電話狹窄的波帶中溝通，專家因此假設聽力損失孩童也可透過同樣狹窄的波帶溝通。市場上，窄波帶的電話、收音機、電視比高傳真的寬波帶便宜。許多專家將電話策略運用在聽力損失的個案，在聽力損失最嚴重的區域做窄波帶的擴音，這就是所謂的高頻助聽器，當中並沒有考量到語音的超語段型態。語調聽覺策略與之不同，它強調殘存聽力區域，要考量的複雜問題包括應該強調殘存聽力的什麼頻率範圍？是否要讓它有功能？個案的大腦在語音處理中扮演什麼角色？語調聽覺策略著重這些問題。

相對的，電子耳蝸策略不同於助聽器，因為耳蝸中的電流刺激不經過受損的毛細胞，而是直接刺激螺旋神經節的細胞本體。但電子耳蝸策略仍要用到低頻殘存聽力較敏感的優勢，尤其是大腦已透過處遇而發展出以低頻接收語音韻律的能力。

一般而言，電子耳蝸助聽聽閾從 500 至 4000 Hz 相當平坦（大約 30 dB HL），這個平坦的聽閾比多數助聽器的助聽聽閾好，但仍然不會達到正常聽閾的 0 dB HL。此外，很多電子耳蝸個案是單側植入。

## ·))) 電子耳蝸和助聽器的比較

近期多數研究顯示，對極重度聽力損失的孩童和成人而言，電子耳蝸比助聽器有較佳的得分優勢（+30％），此優勢可被理解，因為極重度聽力損失者使用助聽器的成效不大。例如，住宿型聾校中，有很多聾童所說的話旁人聽不懂，而他們也無法用聽覺溝通，或是無法以聽覺做為主要管道來溝通和學習。結果這類孩童多數都被迫使用手語溝通，他們單靠助聽器擴音是不夠的，給他們的處遇方式必須要被評估，才能決定這些治療法搭配著助聽器是否有改進他們的表現。

相較於助聽器，一些專家視電子耳蝸為回復正常聽力的方式，若是如此，將電子耳蝸者的表現拿來與聽力正常的孩童以及年紀相同的成人對比，就會比較合理，正常聽力者的測量基準（benchmark）可能是聽損孩童成功的較佳指標。電子耳蝸對於改善聽力損失孩童和成人的聆聽技巧、改進生活品質，以及創造聽覺處遇策略，都有顯著的正向影響，最大的挑戰是怎樣的聽覺處遇策略會得到最佳的成效？

## ·))) 聽輔儀

稍早提到，最新數位科技的聽輔儀被運用來創造最適當的頻率反應（OFR）。先是以寬波帶刺激孩童的大腦，之後移轉到雙重模式 OFR，接著，從聽輔儀進行一個平順且成功的轉銜到電子耳蝸或助聽器，而孩童仍維持著相似水準的表現。這是可能的，因為這些儀器有數位科技，可針對頻率反應進行微調（fine tuning），以下說明這個獨特的處遇策略。

## ·))) 從聽輔儀轉銜到電子耳蝸或助聽器

### 從振動觸覺式的輸入到氣導式的輸入

戴助聽器前和電子耳蝸植入前的語調聽覺處遇策略，都是將語音的輸入經

由聽輔儀以振動觸覺輸出，讓嬰兒可感受到訓練者、母親和自己的自然說話節奏。起初，這些韻律是透過嬰兒躺或坐在音響板上的方式，以身體來感受。一旦嬰幼兒可一致的模仿語音韻律，就可經由雙耳耳機將振動觸覺式的輸入轉銜到氣導式的輸入（也就是嬰兒「聽到」他所「感受」到的）。透過耳機聽語音，為嬰兒以電子耳蝸和助聽器聽語音做了準備，因為嬰兒可對這些設備的設定做反應，這讓轉銜成為孩童的愉快經驗。

對嬰兒進行振動觸覺刺激需小心謹慎，才能夠讓嬰兒了解到他的感受與治療師的聲音二者間有所連結。接著，嬰兒學習到他自己的說話節奏也可建立一種愉快的感受，並且他可以用聲音來控制他人。孩童與治療師及其母親之間建立對話，這個連結對於從振動觸覺式的語音輸入轉銜到氣導式的語音訊號相當重要。

## 聽輔儀的頻譜變化和時間變化

說話節奏的基礎和聽覺一旦建立，聽輔儀就可被用來創造頻譜（雙重模式）和時間（延宕）的變化，以便促進孩童處理與說出不同的音素、音節和字詞，使耳蝸到大腦的音響特定部位得以發展。

聽輔儀的最適當的頻率反應（OFR）被用來將電子耳蝸的語音處理器編程，處理器的程式可做處遇用，因為它的表現和聽輔儀相似，基本上，聽輔儀會讓孩童的大腦為電子耳蝸或助聽器做好準備，讓他們透過這些設備以最佳化方式進行聽覺處理。

## 以電子耳蝸與助聽器做處遇

助聽器使用者在處遇中會用到聽輔儀雙耳耳機和振動器，而助聽器是在處遇後使用。處遇會提供正向的學習移轉給助聽器，例如，在聽輔儀處遇中提升 20％ 的表現，戴上助聽器後也會導致 15％ 到 20％ 的改進。

電子耳蝸的使用者在處遇課程中總是使用著電子耳蝸，然而，聽輔儀的振動觸覺輸入被用來發展孩童的口語、韻律、語調型態和音素處理，只要振動觸

覺語音輸入能提供最適當的學習情境並且孩童有進步，就持續的使用。

因為電子耳蝸是單耳的語音輸入，聽輔儀使用單耳耳機於孩童的未植入耳，可幫助孩童雙耳聆聽，為助聽器配戴或第二個電子耳蝸的植入做好準備。最終的目標是要讓孩童成為雙耳的聆聽者，在不利的聽覺情境中得到雙耳優勢。

新科技使聽輔儀和電子耳蝸與助聽器相容，可提供策略使孩童有最佳化的表現和成果。每個父母都期望自己的孩童不但說得清楚，並且也了解別人說些什麼，而這個新科技和處遇策略讓孩童和成人都能達到這些期望。

## •)) 用在餘響和噪音的科技

語調聽覺策略強調提供最適當的學習情境，以之刺激孩童的大腦，並且完成正常的學習歷程，例如，安靜的情境（+30 dB S/N）對學習最理想，但是當孩童或成人在面對不利的聽覺情境時，會發生什麼事？用在這種不利情境的語調聽覺處遇策略，說明如下。

### 餘響

研究指出噪音和餘響對聽取聲音和說話溝通有不利的影響，在 3 英尺的近距離進行一對一的語音對話，不利的聽覺情境（例如，電視節目太大聲）影響會最小，但距離加大到 6 到 20 英尺時，個案的語音理解會下降 40 ％ 到 60 ％。在多數公立學校的教室和社交與休閒場所中，會有這種較大的聽覺距離，餘響讓大多數參與者都不能理解別人所說的話。多數專業人員不了解餘響，因此以下先做一些討論。

在正常的語音對話中，說話者的語音以直接的聲音和反射的聲音傳到聆聽者的耳朵，這直傳的聲音在自由空間中，距離每增加一倍音量就減少 6 dB，例如，在 3 英尺的正常對話距離中，說話者的語音音量是 65 dB SPL；但是在 6 英尺的距離時，音量減至 59 dB；距離增加到 12 英尺時，音量是 53 dB；24

英尺是 47 dB，以此類推。在 3 英尺的距離，說話者的音量對聽者而言是舒適的（MCL），但是在 24 英尺的距離時，說話者的音量對聽者而言可能太小，以致無法了解說話者所說的內容。雖然以上所談到的是直接的聲音，但是在安靜與不利的聽覺情境中，說話者與聆聽者的距離都是個影響的因素。

在密閉的房間中，說話者的聲音會從牆壁、天花板與地板反射回來，產生餘響，其定義是：在密閉房間中，因多重語音反射而造成的持續音；餘響可用房間的大小（體積）和房間表面材質的吸音情形來測量，通常，有較多反射面的較大房間，其餘響時間（RT）比小房間來得長。RT 以秒計算，是音源停止後聲音降低 60 dB 所需要的時間，例如，0.2 秒的 RT 表示從說話者的 65 dB SPL 下降到 5 dB SPL 需 0.2 秒，通常 RT 的範圍是從沒有餘響到長達 2.2 秒的餘響。

2.2 秒的 RT 會出現在有堅硬表面（牆、天花板、地板）的大教室、表演廳或體育館等。在不利的聽覺情境，要聽懂說話者的語音會有困難。但是家中空間小且舒適的房間，有柔軟的表面與地毯、木質家具等，RT 可能是 0.2 秒，在這種小房間內要聽懂說話者的語音會較容易。

「關鍵距離」（critical distance，簡稱 CD）可用來估計聆聽者在尺寸不同的房間內的困難度如何；CD 是指直傳音和反射音音量相同時的距離，例如，在 3 英尺的正常對話距離，說話者到聆聽者的直傳音（65 dB SPL）大於反射音（59 dB SPL）；在 6 英尺時，直傳音（59 dB SPL）和反射音（59 dB SPL）的音量相同；然而 12 英尺時，直傳音（53 dB SPL）比反射音（59 dB SPL）小。在這個例子中，CD 是反射音與直傳音音量相同時的距離（也就是 6 英尺），建議聆聽者坐在 6 英尺之內，因為直傳音比反射音的音量大。

若把 CD 應用在公立學校的教室裡，所有孩童都要盡量坐在離教師 6 英尺內的距離，但是如果孩童有聽力損失或說話（聽覺）處理異常（APD），那麼就需要坐得更近。

有些公立學校的教室裝修將餘響的不利影響減到最小，這些調整包括使用

軟墊和地毯、特殊材質的牆壁和天花板等，這會減少 RT 以及增加 CD；另一個調整方式是教師配戴無線麥克風，而麥克風直接連接到擴音器或音箱系統，這個系統會增加直傳音的音量，並將餘響的影響減到最小，但是這些調整方式都很昂貴，不見得所有的教室都有經費。

## 噪音

噪音的定義是任何不想聽到的聲音或是一些干擾，影響到說話者（教師）與聆聽者（孩童）相互間的語音溝通。噪音可能是非週期性或週期性的聲音，多數的環境噪音都是非週期性，例如冷氣機的風扇聲。冷氣機對於溫度的降低很重要，但是它發出的噪音是無意義的，且會干擾教室裡的溝通。另外，語音中的無聲摩擦子音（例如 /f, s/）是非週期性，但卻是有意義的音素，是理解教師語音所必需。所以，非週期並不足以定義該聲音究竟是噪音還是重要的語音能量。

在「雞尾酒會」（cocktail party）的情境中，許多人在同一時間說話，同一個房間內可能同時有 10 到 20 個獨立的對話進行著，這些競爭的對話會干擾聆聽者聽取其中一人的語音，而為了專注於其中一人，聆聽者必須忽略其他對話。模擬雞尾酒會效應錄下十位說話者同時說話的聲音，稱為喃喃的噪音（babble noise），因為聽起來很像是背景聲音裡有喃喃的語音，聽力正常者可調進（tune in）成只聽一個人的說話聲，或是調出（tune out）其他人的說話聲，而只聽取與他對話者的語音。

然而，有注意力缺陷異常（attention deficit disorder，簡稱 ADD）且／或聽覺損傷的孩童，通常在噪音中聽取聲音有困難，因為他們被其他的說話者所影響，而無法集中注意力在所要聆聽的口語上，這種把不想要的噪音調進或調出的能力是一種需要學習且可以改善的技巧，也是在不利的聽覺情境中進行有效的正常溝通所必要的。簡言之，我們是要將孩童環境中的每個房間做一些改變？還是要改善孩童在不利聽覺情境中的聽覺技巧呢？

## 即使是不利的聆聽情境也變得最適當

聽輔儀以雙耳耳機和振動器這類附加裝置來控制餘響和噪音，這是個獨特的處遇科技，可控制聽覺情境，使不利的聽覺情境也變得適當，這個科技可模擬安靜的小房間，或是有餘響且可能有噪音的大空間。

餘響儀器（reverberation unit，簡稱 RU）是一個套件，被附加在聽輔儀的麥克風上。RU 可調整為 0 到 2.2 餘響時間（RT），當 RT＝0 秒時，沒有餘響，而 RT＝2.2 秒時，會製造如大型體育館中極大餘響的效應。

處遇一開始時，先選擇最適當的學習情境，通常從 RT＝0 秒開始，接著，在 30 分鐘的處遇課程中，RT 慢慢加長，從適當的聽覺情境到不利的聽覺情境（例如，RT＝0.6 秒）。

治療師用錯誤分析的程序（前面提到過）來分析孩童的反應，當她向孩童呈現下一個刺激音時，她把經過修飾的語音、身體的動作、頻譜與／或時間的變化，透過聽輔儀呈現。治療師的修飾會幫助孩童進展，把不利的聽覺情境（RT＝0.6 秒）變成像是最適當的學習情境（RT＝0 秒）。當這種學習歷程發生時，孩童在不利的學習環境和最適當的學習環境都會有良好的表現（100％），此時，孩童的 RT 最適當範圍已從 0 秒增加到 0.6 秒。再多做一些處遇，孩童的最適當範圍可增加到 2.2 秒，這表示孩童在不同餘響時間的聽覺表現相同或相似，或是換個方式說，無論房間大小也是表現相似。

聽輔儀也可以從光碟播放器做噪音輸入，這種處遇課程一開始先用非週期性的白色噪音，因為這是較容易聆聽的情境，治療師先是在 +30 dB S/N 的適當學習情境對孩童說話，每次將白色噪音增加 5 dB，這是對不利的聽覺情境所做的適當改變。結果，孩童的聽覺表現逐漸變差（例如，從 100％ 變成 60％）。在進行餘響處遇時，治療師用到口語示範、身體動作，以及透過聽輔儀頻譜與時間的變化，治療師的這些變動將孩童在不利聽覺情境中的表現提高為 100％ 正確。與之前一樣，將聽覺情境從不利變成適當，當孩童的適當聽覺情境從 +30 dB 延伸到 +5 dB S/N，治療師就可以用光碟播放器播放喃喃的噪

音，也就是十個人同時說話的聲音，這種噪音被用在 +30 dB 到 +5 dB S/N 的訓練課程中。

一旦餘響和噪音分別被調整為適當聽覺情境後，治療師就可在如同前述的漸進步驟中同時運用餘響和噪音。當孩童或成人在 RT＝2.2 秒和 +5 dB S/N 情境的聽覺表現為 100 ％ 時，他在學校、休閒、社交和家中的所有聽覺情境應該都會表現得很好，這表示孩童的聆聽技巧真正完整也回歸主流了。

總之，治療師使用聽輔儀的餘響和噪音附加裝置，來將孩童的最適當學習情境擴展到日常不利的聽覺情境，這會有助於孩童成為有自信且成功的聆聽者，也就是不需要將房間做特殊處理。

## 參考文獻

- Asp, C. W. (1999). *Tonality syllable, word and sentence tests.* Unpublished tests, Verbotonal speech science research laboratory, University of Tennessee, Knoxville, TN.

- Asp, C. W., & Plyler, P. (1999). The use of PB and tonality words to optimize hearing aid setting. *Audiology Today, 10,* 27-29.

- Bredberg, G. (1968). Cellular pattern and nerve supply of the human organ of corti. *Acta Otolaryngolica, 236.*

- Guberina, P. (1972). *The correlation between sensitivity of the vestibular system, and hearing and speech in Verbotonal rehabilitation* (Appendix 6, pp. 256-260). Washington, DC: Office of Vocational Rehabilitation, Department of Health, Education, and Welfare.

- Kaplan, H., Gladstone, V. S., & Lloyd, L. L. (1993). Interpreting speech audiometry. In *Audiometric interpretation: A manual of basic andiometry* (2nd ed., pp. 153-216). Boston: Allyn & Bacon.

- Kim, Y., & Asp, C. W. (2002). Low frequency perception of rhythm and intonation speech patterns by normal hearing adults. *Korean Journal of Speech Sciences*, *9*(1), 9-16.

- Koike, K., & Asp, C. W. (1982). Tennessee test of rhythm and intonation patterns. *Journal of Speech and Hearing Disorders*, *46*, 81-87.

- Miner, R., & Danhauer, J. (1977). Relationship between formant frequencies and optimal octaves in vowel perception. *American Audiology Society*, *2*(5),163-168.

# 語言策略：韻律和語調型態的基礎

　　語調聽覺法的目標是發展良好的音質與清晰的會話語音，會話語音是以韻律和語調型態為基礎，也就是說，韻律和語調型態是自然口語在聽與說方面的基礎，也是聆聽技巧的基礎。

　　在喃喃語和難懂語的發展階段，正常聽力的幼兒此時開始表達和溝通其需求與情緒，母親因為嬰兒的發聲中充滿各種意義而了解嬰兒的意圖。反過來說，嬰兒也能了解母親的說話型態，因為母親說話中用到誇張的語調、較慢的速度和高音調性的韻律型態。於是母親和嬰兒間建立起有意義的情境對話，母親透過說話型態、面部表情和親密的身體接觸，傳達了她的愛，建立了情緒安全的情境，並且鼓勵嬰兒用口語溝通。

　　語調聽覺法鼓勵孩童聆聽並模仿治療師而發出前語言的韻律和語調型態，例如，治療師示範如何說 /mamamama（停頓）ma/，孩童接著模仿這個模式（Kim & Asp, 2002; Koike & Asp, 1982），若孩童能正確複製治療師所示範的獨特韻律和語調型態，那麼他的型態就算是正確。為了擴展孩童發音的平均長度，治療師示範的模式要逐漸增加音節數，來延伸孩童的聽覺記憶廣度。

　　在處遇計畫中，治療師運用刺激反應派典（stimulus-response paradigm）間接矯正孩童錯誤的知覺。在分析孩童的錯誤後，治療師使用七個語音參數適當的修正語音，用以改善孩童的聽覺接收和口語反應。例如，若孩童把目標音素

/ma/ 說成 /ba/，其錯誤分析指出孩童的緊張度較高且持續時間較短，才會把目標音 /m/ 錯說成 /b/。孩童身體內的肌肉緊張度較大，導致他發出且接收到緊張度較高的 /b/，為了矯正孩童的錯誤，治療師在說目標音 /ma/ 時，使用較放鬆的身體動作且發較長的持續音，並且提供振動觸覺的語音輸入。身體動作和振動觸覺的輸入幫助孩童感受到 /m/ 較長的持續音與較低的緊張度，這會促進他聽到與說出較放鬆的 /m/。若孩童持續錯說成 /ba/，則治療師將她的說話示範改成音節 /am/，把 /m/ 放在後面，身體會更放鬆，音素正確的接收就更有可能。一旦能正確的聽與說，治療師以最放鬆的身體動作重新教導原來的示範音 /ma/。這種知覺訓練是以特定的語音錯誤做為矯正目標，幫助孩童接收、說出和記憶正確的反應，一旦這些正確的反應在處遇中穩固建立，孩童就會類化到日常生活情境正確說出。

　　另一個處遇工具是使用情境式的對話，強調的是口語的語用，每個情境對話中的故事都包含著兩個或更多個角色，這些情境應該要令人感興趣、好玩且對孩童有意義。首先，孩童觀察治療師所表演的對話，接著，他們試著將故事中一個或多個主角的對話用角色扮演的方式說出，例如，媽媽、爸爸和嬰兒的對話：「哈囉，你好，爸爸在哪裡？爸爸在這裡，我們一起去散步，走走走，再見，爸爸。快點回家。」這種情境對話的方式間接的教導社會互動。語用的早期發展可增進孩童的會話和社交技巧，對於成功回歸主流十分重要。

## 說話型態就是韻律加語調

　　超語段（suprasegmentals）此一專有名詞最早是用在文字（written language）中，也就是讀者以口語讀出文字、句子、段落時，將他自己獨特的韻律和語調說話型態加進去，帶出了文字的生命，其中「超」（supra）指的是把韻律和語調加在文字之上。

　　相對的，語段（segmental）指的是字詞、句子和段落等，被限制在組成文

字的單位內（英文的 26 個字母，中文的各個單字）；但是，口語的超語段出現在不只一種口語的段落中，例如，ought（應該）這個字可以被說成上揚的語調型態，在英文五個字母中的語調依序逐漸上升。簡言之，超語段說話型態不侷限在個別書寫單位中，也不侷限在口語的語段中；超語段出現在可視為整體的字詞、片語和句子裡。

「超語段」這個詞與韻律特徵（prosodic features）、無語段，以及韻律和語調型態被交替使用，本書作者偏好「韻律和語調型態」，因為這是一種功能性的描述，並且對教師和治療師來說比較容易了解。此外，「超」這個字指的是語段之上，或子音、母音和音節之上。嚴格說來這並不正確，因為從發展上來看，韻律先於語段，嬰兒在前語言的階段先發展出韻律，以之為基礎發展出有意義的口語。

本書作者偏好「韻律和語調型態」一詞，而較少用「超語段」的另一個原因，是因為「超語段」意味著主要是透過耳朵來進行處理，「韻律和語調型態」則包括全身所產生的感覺和情緒。「韻律和語調型態」可以套用在聽覺技巧與說話技巧，例如，治療師若是要評估孩童聽到「Mama blew a bubble」這個句子時的聆聽技巧，即使孩童不見得能正確發出所有的音素，亦能評估他是否藉著模仿治療師所示範的說話韻律，顯現出他有聽覺接收能力？又如，當母親說話時，抱著嬰兒緊靠著她的身體，嬰兒透過全身感受到母親說話的韻律型態，用「全身」輸入的訊息學習說話，並且身體的動作與口語型態達到和諧。

治療師對孩童和成人的評估與處遇都是從超語段說話型態開始，大腦處理（語音接收）和發出有意義語音都以這個型態為基礎。在兩個成人的語音對話中，語音對話的清晰度有 38 % 來自超語段，55 % 來自身體語言，前二者的影響合計 93 %，只有 7 % 是由字詞和語法提供。當幼兒以語音對話時，因為他們只會說有限的幾個語詞，所以超語段和身體語言在說話清晰度中扮演著更重要的角色。

500 Hz 以下的低頻語音，對於處理說話韻律和語調型態最為適當，因為

身體提供了多種線索給大腦，這些線索包括身體的動作、來自於低頻的振動觸覺語音，以及本體回饋。這也是為什麼說話策略的學習，應以全身為基礎來進行的原因。古老的哲學家說過，「身體如果沒有先感受到，大腦就不會有感受。」所以，聆聽與孩童身體的運動神經（motoricity）密切地連結，接下來會介紹超語段評估的例子。

## 音質

音質是一個以知覺為本位（perceptually-based）的測量，其表現是由多種因素來共同決定，包括喉部結構的生理活動、呼吸系統的適度支持、構音器官的動作，以及驅策口語產出的內在情緒與意圖等。音質與說話者的社會認同有關聯，對於個案的社會接納也十分關鍵。例如，要融入同儕團體，孩童必須說話清晰，並且使用相同方言或說話方式，才能分享相近的說話音質。聽力正常孩童可很快學會口語控制的內在系統，包括呼吸系統、發聲、構音和全身的緊張度，孩童用自然的聽覺回饋機制來監督這些系統，並進而控制這些系統。相對的，重度聽力損失的孩童欠缺聽覺回饋系統的管道，以致在調整其音質和說話清晰度有困難，而使得音質和說話清晰度不佳（Alspaugh, personal communication, 2005）。

聽力損失孩童被影響到的音質參數包括呼吸控制較差、發聲時間差、音量不適當、發聲時舌位舌根化、鼻音過重，以及音調與語調型態不規律等，這些參數與音質共存並且同時影響到音質，但為了釐清，以下分別討論。

### •))) 本體記憶

聽力正常孩童聽到口語後，會開始模仿他所接收到的聲音和說話韻律。孩童一開始是模仿單一的音素，但是隨著精細動作技巧的發展，他對於語音的說出能夠協同構音並且建立本體記憶。重度聽力損失的孩童沒有良好的聽覺回饋

系統，所以他們無法處理聽覺輸入，也無法發展口語所需的記憶廣度。語調聽覺法透過全身動作、雙耳耳機和聽輔儀的振動器，同時提供孩童聽覺、觸覺和本體回饋，這種多重感官的輸入幫助孩童發展正常說話韻律和語調的察覺能力，並且能促進構音器官發出更接近正確口語的語音（Alspaugh, personal communication, 2005）。

## •)) 呼吸

說話時的呼吸和休息時的呼吸明顯不同（休息時的呼吸是波動式），為了對說話做好適當的準備，在吸入和呼出氣流時都有做調整。相較起來，波動式呼吸平順且穩定，說話時的呼吸則是韻律性與脈動式，吸氣快速，呼氣的時間比較長而且被控制著，因此說話者得以維持連續語句中的節奏。聽力損失者通常不會調整說話呼吸型態，所以比較難以用適當的氣流來支撐說話聲。結果是，對於語音具有意義的韻律和語調型態在他們的說話聲中就比較欠缺。呼氣如果少了變化與控制，說話聲就會時間不正確、強度和音量減弱、音質單調，這些都會使說話清晰度變差（Alspaugh, personal communication, 2005）。

音質變差很多時候是來自於不適當的呼吸支撐和呼吸控制，因此，足夠的氣流和適當的呼吸型態要先建立。語調聽覺法的處遇要孩童藉著對下一個口語的預期而屏住氣息（說話停頓），進而改善了呼吸。之後，治療師用動作提示孩童說話。在呼氣時，將身體動作與發聲達到協調，可改進整體的呼吸支撐和時間（timing），當動作停止，發聲也停止並提示孩童該吸氣了（Alspaugh, personal communication, 2005）。

## •)) 共鳴

「聾人口語」（Deaf speech）是指知覺差異影響說話共鳴（resonance）所造成的現象，原因是舌頭在口腔內的位置不當以及語音動作整體受限。若舌頭常被放置在下咽喉（hypopharynx）後部，將過度增加鼻部和喉部的共鳴。這些

特殊的扭曲音常被稱為是困境音（cul-de-sac），因語言活動力較差而干擾說話和構音的正確性。具有「聾人口語」的人因為後前（posterior-anteior）的語音動作差，通常會達不到（undershoot）正確的構音部位，因此，其特色是構音動作不精準，且只會說少數幾個母音和子音（Alspaugh, personal communication, 2005）。

語調聽覺法用全身動作來增加對肌肉緊張度、母音長度，以及音調變化等的察覺，因此語言的動作範圍增大，而這是正確說出 15 個母音及雙母音所必需（Alspaugh, personal communication, 2005）。

## •))) 口語響度與口語音調

口語響度（vocal loudness）與口語音調（vocal pitch）密切相關，並且常和「聾人口語」混淆。較高的音調其響度較大，較低的音調則響度較小，由於這兩個參數有如此緊密的關係，處遇時同時設定目標是有利的，例如，口語音調和口語響度可以做為身體動作的共同目標（Alspaugh, personal communication, 2005）。

聽覺回饋提供了調整口語響度的立即訊息，當聽覺回饋線路中斷，調整口語響度就較困難。聾人口語在響度的波動很大；有時會太小聲而讓人聽不懂，有時又太大聲與緊張，這兩種情境，說話清晰度都會變差。在語調聽覺法中，孩童是依據本體回饋（感受說話型態）來監控說話聲（Alspaugh, personal communication, 2005）。

聾人口語的另一個特色是上升的音調和較低的語調型態，說話者努力改變並調整聲帶的緊張度，導致說話時的音調變化過少或過多，例如，說話者的音調可能很單調（變化太少），以致他的說話聲聽起來令人不愉快並且不易聽懂。音調變化如果不適當，說話聲就不會有正常的韻律和語調型態（Alspaugh, personal communication, 2005）。

語調聽覺治療師用身體動作和振動觸覺來將語音輸入，以之發展正常的韻

律和語調型態、響度和整體的音質，這些輸入提供了回饋，因此孩童可以自我矯正並且用正常的音質來說話（Alspaugh, personal communication, 2005）。

## 韻律和語調型態的評估

田納西韻律和語調型態測驗（T-TRIP）可用來評估超語段；這個測驗的項目包含一至九個音節，其韻律和語調型態各不相同（Koike & Asp, 1982）（見圖4-1），例如，測驗項目 1 是一個長的重音，緊接在後的是一個短的輕音；而測驗項目 2 是一個短的輕音與一個長的重音。Koike 和 Asp（1982）用 T-TRIP 的25 個項目測驗三至五歲聽力正常的孩童，每位孩童在沒有視覺線索下，將他所聽到的說話型態予以模仿，治療師聆聽後判斷他們的反應是否正確。五歲組孩童的得分比三歲組孩童高 26 ％（86 ％ 對比於 60 ％）。這個結果顯示幼童的韻律和語調型態的接收能力持續發展著，可能到五歲後才發展完成。在評估語音接收及表達有問題的孩童時，這 60 ％ 和 86 ％ 的數據可用來做為參照資料。得分大於等於 86 ％，表示其功能和五歲孩童相似，86 ％ 也表示孩童對於長達九個音節的型態很精通，提供了口語接收與表達很好的基礎。簡言之，T-TRIP 是在不需要語言技巧下，評估孩童接收與模仿韻律和語調型態的能力，因此可用在所有年齡群組，包括幼兒。

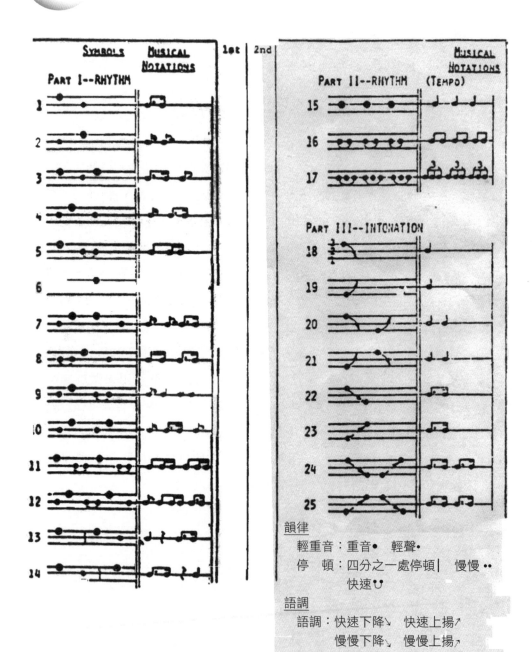

韻律
　輕重音：重音● 輕聲•
　停　頓：四分之一處停頓| 慢慢••
　　　　　快速ひ
語調
　語調：快速下降↘ 快速上揚↗
　　　　慢慢下降↘ 慢慢上揚↗
　音調：低1 中2 高3

圖 4-1 ▶　田納西韻律和語調型態測驗

　　另一種評估，是以韻律和語調檢核表來檢視每位孩童接收與表達說話型態的能力（見圖 4-2）（Asp, 1985），左欄是併用視覺線索的語言表達，右欄是沒有視覺線索的聽覺接收。治療師先評估說話，因為對孩童而言這是最容易的部分。

孩童姓名：＿＿＿＿＿＿＿＿＿＿＿＿　　　進行方案時間：＿＿＿＿＿年
測驗日期：＿＿＿＿＿＿＿＿＿＿＿＿　　　損失程度：＿＿＿＿＿＿＿＿＿＿
治療師：＿＿＿＿＿＿＿＿＿＿＿＿＿　　　測驗情境：＿＿＿＿＿＿＿＿＿＿

| 左欄 | 右欄 |
|---|---|
| Ⅰ.仿說（模仿） | Ⅱ.聽（模仿） |
| 　A. 可模仿發出口語 | 　A. 口語察覺—辨識 |
| 　　（　）是　　（　）否 | 　　（　）是　　（　）否 |
| 　B. 口語長度（長／短） | 　B. 長度 |
| 　　1.＿＿＿＿ ＿＿ | 　　1.＿＿ ＿＿ |
| 　　2.＿＿＿＿ ＿＿ | 　　2.＿＿ ＿＿ |
| 　　3.＿＿＿＿ ＿＿ | 　　3.＿＿ ＿＿ |
| 　　4.＿＿ ＿＿ | 　　4.＿＿ ＿＿ |
| 　　5.＿＿＿＿ ＿＿ | 　C. 音節速率（元素） |
| 　　6. | 　　1. 多個與一個對比 |
| 　C. 音節速率（元素） | 　　2. 一個（＿＿ ＿＿ ＿＿） |
| 　　1. 多個與一個對比 | 　　3.（＿＿ ＿＿；＿＿ ＿＿ ＿＿； |
| 　　2. 一個（＿＿＿＿ ＿＿ ＿＿） | 　　　　＿＿ ＿＿ ＿＿； |
| 　　3. 兩個（＿＿＿＿ ＿＿；＿＿ ＿＿＿＿； | 　　　　＿＿ ＿＿ ＿＿； |
| 　　　　＿＿ ＿＿ ＿＿；＿＿ ＿＿ ＿＿） | 　　　　＿＿ ＿＿ ＿＿； |
| 　　4. 三個（＿＿ ＿＿ ＿＿； | 　　　　＿＿ ＿＿ ＿＿） |
| 　　　　＿＿ ＿＿ ＿＿； | 　　4. 四個（加重） |
| 　　　　＿＿ ＿＿ ＿＿； | 　　5. 五個（加重） |
| 　　　　＿＿ ＿＿ ＿＿） | 　D. 停頓（不同長度） |
| 　　5. 四個（加重） | 　　（　）是　　（　）否 |
| 　　6. 五個（加重） | 　E. 口語和語調型態 |
| 　D. 兩個或多個元素之間停頓 | 　　1. 語調變化 |
| 　　（　）是　　（　）否 | 　　　a. 上揚的語調 |
| 　E. 口語和語調型態 | 　　　b. 下降的語調 |
| 　　音調（圈出所用的） | 　　2. 口語音調的變化 |
| 　　1. 聲音: 高　正常　低 | 　　　a. 低到高 |
| 　　2. 一個音節的變化 | 　　　b. 高到低 |
| 　　　a. 上揚的語調 | 　F. 口語音量 |
| 　　　b. 下降的語調 | 　　1. 大聲 |
| 　　3. 二個或多個音節的變化 | 　　2. 小聲 |
| 　　　a. 低到高 | 　　3. 非常大聲 |
| 　　　b. 高到低 | |
| 　F. 口語的音量 | |
| 　　1. 大聲 | |
| 　　2. 小聲 | |
| 　　3. 非常大聲 | |
| 　G. 母音 | |

圖 4-2 ▶　韻律和語調檢核表

　　治療師說出一個簡單的韻律型態（例如，/ah boo bah boo/），以之評估孩童是否可模仿部分或全部的音節，接著分別評估每個說話參數。孩童是否可以模仿長音節的時距與短音節的時距？孩童是否可模仿多對一的說話型態（例如 /babababababa（停頓）ba/）？正確的表達是指孩童能模仿五個快速的音節，停頓至少 300 毫秒，然後再模仿一個音節。接著，治療師評估孩童如何接收與表達兩個快速的音節與兩個較長的音節（例如 /bùbù/－停頓－/baaaabaaaa/），發聲時，短音用一拍，長音用兩拍。這個例子中有兩種知覺單位（一個與兩個），各有其韻律型態。接著，治療師評估孩童如何運用不同長度的停頓，例如，200 毫秒（正常的停頓時間）、100 毫秒（較短的停頓）與 500 毫秒（較長的停頓）。每次的停頓都會建立構音器官的緊張性，後面接著的是緊張度的快速釋放。下一步，治療師評估孩童對於音調和語調型態的模仿，究竟他的音調（F0）是否正常？過高？或過低（250 Hz 的 F0 對青少年而言是正常的）。接著，評估孩童以母音 /a/ 仿說上升的語調（例如，200 Hz 上升到 400 Hz）。之後，評估孩童以兩個音節仿說音調變化的能力（一個上升一個下降），最後，評估孩童的口語響度，讓孩童仿說由低至高（例如，60 dB 到 70 dB）和由高至低（例如，70 dB 到 60 dB）的音量變化，觀察孩童是否能增加重音字詞的音量以及減少輕音字詞的音量？

　　對於較進階的孩童，治療師會減少視覺線索，讓孩童模仿右欄的韻律和語調型態，若孩童不用視覺線索即可模仿這些型態，他就有使用聽覺回饋監控和自我矯正說話型態的潛能。這種自我矯正的能力也可幫助孩童主動聆聽其他人的說話型態。

　　另一個超語段評估是用單字詞、不同調號雙字詞和同調號雙字詞測驗（Monosyllable, Trochee, Spondee，簡稱 MTS），在同一個測驗中同時評估超語段和字詞聽辨能力，例如，若測驗字詞是「電視」而孩童的反應是「電話」，超語段正確（因為兩個語詞的重音相同），但字詞辨識不正確；若孩童的作答是「電視」，那麼超語段和字詞辨識都正確。MTS 需要較高的語言層次和字詞知識，測驗的運用較受限制。

　　為了評估孩童的平均發音長度和聽覺記憶，說話韻律測驗（Speech Rhyme Test）（見圖 4-3）是一個非常有用的工具（例如 /Ah Boo, Bah Boo, Boo Boo, Bah/）（Asp, 1985），這個說話韻律對幼童有意義且有趣，從前語言的層次開始（例如 /Ah boo/），接著逐漸增加複雜性。孩童進行正常的語音對話，需要至少七個音節長度的記憶。這個說話韻律測驗包括前語言、字詞和音調性層次，因此適合評估所有層次。這是非正式的臨床評估，可幫助治療師根據孩童的聽覺記憶廣度來發展有效的處遇計畫，以評估的結果來設定孩童個別化教育計畫（Individualized Educational Plan，簡稱 IEP）中的長短期目標，以及發展適當的處遇計畫。

---

I 前語言韻律層次
　　　　Ah Boo
　　　　Bah Boo
　　　　Boo Boo
　　　　Bah
II 子音和字詞韻律
　A. 低音調性層次：/p/
　　　　Purple Pop
　　　　Purple Pop
　　　　I want more
　　　　Pour Pour Pour
　B. 中音調性層次：/t/
　　　　Tip Toe
　　　　Tip Toe
　　　　Tip Tip Toe
　　　　Toe Toe Tip
　C. 高音調性層次：/s/
　　　　Shower, Shower
　　　　Take a shower
　　　　Wash your shoulders
　　　　Take a shower

---

圖 4-3 ▶ 說話韻律測驗

## ·)) 句子層次的評估

音節和句子測驗（Syllable and Sentence Test）種類繁多，結構從簡單到複雜都有，治療師先測驗孩童接收和模仿這些句子的能力，接著，使用無意義的單音節 /ba/ 來讓孩童模仿韻律型態，評估孩童是否可有效的模仿這種複雜的韻律型態。

## 語音的音調性

孩童的大腦會同時運用超語段型態和語段音調性〔頻譜音調（spectral pitch）的差異〕來接收語音，從發展上來說，孩童會先熟練超語段型態，提供了日後語段音調性在微調方面的基礎。正常的說話速率是每秒 5 個音節（或 15 個音素），一旦孩童能處理正常的韻律和語調型態，他就可微調自己的聽覺技巧和聽覺記憶，用來接收個別音素的頻譜音調，例如，音素 /s/ 聽起來比 /ʃ/ 的音調性高，/i/ 的音調性比 /a/ 高，這些頻譜音調上的差異使孩童的大腦得以用正常說話速率就每個音素進行聽覺處理，每個語段的語音音調性都是處理的重要項目。

## ·)) 音調性：同質性對比於異質性

為什麼治療師在處遇計畫中用的是音調性而不是傳統的共振頻率（formant frequencies）？在 1950 年代，頻譜分析儀器的發展讓研究者對於母音和子音的音響成分有更佳的洞視，頻譜圖呈現了口語句子中每個音素在頻率（Hz）、音量（dB）和時間長度（毫秒）的變化，被稱為「可視的語音」。這些音響訊息雖然在研究中有其用途，但是用於說話處遇卻不是個有效的工具，以可視的語音用在聾童的結果非常不理想，孩童不會運用這種以視覺呈現的說話訊息來矯正自己的構音型態，也不會用它來發展清晰的說話型態。這種特定的視覺訊息是分析性質，無法轉換成口語會話所需的快速聽覺接收訊息。

　　相反的，語調聽覺法在韻律、語調和音素層次運用到聽覺說話接收，治療師使用特定音調性的聽覺接收來教導孩童，音調性（頻譜音調）研究最早是用一個全音程過濾器來分隔語音頻率，把每個音素的適當頻率獨立出來。首先，母語說話者說出每個音素並且錄製下來，接著，聆聽者選擇此音素聽起來最清楚的音程過濾器，例如，母音 /u/ 在 300 Hz 的中心頻率被接收，母音 /a/ 是在 1000 Hz，母音 /i/ 則是在 3000 Hz；另外，子音 /m/ 在 500 Hz 的中心頻率被接收，/d/ 是在 1250 Hz，/s/ 是在 6000 Hz。

　　這些過濾器的研究辨識出 43 個英語音素對應的最適當範圍（Asp & Guberina, 1981），其結果與耳蝸和大腦對音素接收的音響特定部位組織的觀點一致，這些過濾器的實驗與其他相關的實驗促成一系列比較音素頻譜音調的實驗。未過濾的自然語音有各自的頻譜音調，被組成音調連續性模式（Tonality Continuum Model），此模式的觀點與最適當音程連續模式（Optimal Octave Continuum Model）一致（Asp, 1985）。藉著音程過濾器，這種音調性／語段音調性差異，讓說話者得以監控及矯正自己的聲音，也讓聆聽者得以理解說話的內容。通常，說話者和聆聽者會自然與自動地辨識音調性。

　　表 4-1 將音調性從低、中至高的相關字詞分別列出（Asp, 1985），例如，「moon」、「cat」和「see」分別是從低音調性、中音調性和高音調性範圍的字詞中選出。以英語為母語的聽力正常者，很自然地接收到這三個字詞之間，兩兩的頻譜音調差異，例如「moon」對比於「cat」，「moon」對比於「see」，「cat」對比於「see」等，而個別音素之間的音調性音調（tonality pitch）差異也被接收到，例如，母音間的音調差異（/u/ 對比於 /æ/，/u/ 對比於 /i/，和 /æ/ 對比於 /i/），和子音間的音調差異（/m/ 對比於 /k/，/m/ 對比於 /s/，和/k/ 對比於 /s/）。這是因為處理母音和子音時，用的策略都是音調連續性（tonality continuum）（例如，母音 /u-o-a-e-i/ 和子音 /m-n-b-p-g-k-d-dz-t-ts-s/），其範圍從低至高音調性。評估時，用同質的音調性來評估孩童在每個特定範圍的聽覺處理，可以用無意義的音節、字詞或句子為材料，其中的子音與母音則來自音

表 4-1 ▶ 音調性字詞表

|  | 低 | 中低 | 中 | 中高 | 高 |
|---|---|---|---|---|---|
| 表單 1 | moon | up | hat | die | seat |
|  | boom | pump | flag | tight | she |
|  | blow | hole | add | raid | thief |
|  | rope | lawn | lot | day | stick |
|  | old | down | fun | red | kiss |
| 表單 2 | move | nut | rag | lie | crease |
|  | rum | done | ham | height | cheat |
|  | bow | vote | mad | take | tea |
|  | pope | wall | not | gate | six |
|  | no | round | truck | check | fish |
| 表單 3 | rule | gum | rat | high | cheek |
|  | pool | bug | dad | shine | key |
|  | blown | boat | lamb | tale | east |
|  | mow | all | hot | hate | this |
|  | owe | pound | duck | led | is |
| 表單 4 | prune | run | crack | kite | teeth |
|  | mood | bump | jack | ice | each |
|  | bowl | roll | had | trade | seek |
|  | roam | law | jar | date | it |
|  | low | plow | love | yet | sit |
| 表單 5 | noon | blood | cat | hide | eat |
|  | blue | won | rack | sight | tease |
|  | mold | note | tag | face | cheese |
|  | robe | ball | car | rake | itch |
|  | bone | noun | cut | let | chick |
| 表單 6 | wound | gun | tack | eye | sheet |
|  | broom | bud | hair | tide | ease |
|  | mole | loan | fad | eight | see |
|  | pole | wrong | rock | they | stick |
|  | own | loud | turn | jet | thick |

調性相同的類別。無意義的音節 /mumu/、/lala/ 和 /sisi/ 具有 100 % 的同質性，因為母音和子音都有相同的音調性類別。字詞則至少使用 60 % 的同質性音素，例如 teach 一字，有中音調性類別的 /t/ 和 /tʃ/，和高音調性類別的 /i/，如此的組合可更精確地評估孩童在相鄰音調性類別的聽覺處理。

在口語的音節中，母音音調性對孩童聽覺處理的影響比子音音調性來得大，因為母音涵蓋著更多的音響訊息。母音是音節的核心，比子音的發音時間長，因此，具有較顯著的接收特徵，這也是為什麼在處遇開始時，先是以音節中的母音做為語音接收與表達的目標音。並且，由於母音是在音節的中間位置，字首子音的音調性對聽覺接收的影響比字尾子音的音調性大，因此，為了選擇音調性同質的音節，字首的子音和位在音節中間的母音音調性要相同，例如，「move」這個字，/m/ 和 /u/ 是低音調性，/v/ 是中低音調性，/m/ 和 /u/ 有同質的音調性，對音調性的接收最為重要，/v/ 則最不重要。

有一個研究比較三個同質性的音節（字首子音和字中母音都來自相同的音調性類別）和六個異質性的音節（字首子音和字中母音來自不同的音調性類別），根據聆聽者的判斷，實驗者將九個音節的音調性由低至高排列如下：/mumu, lulu, mama, susu, lala, sasa, mimi, lili, sisi/，其中 /mumu, lala, sisi/ 被畫上底線，原因是這些音節的音調性 100 % 同質，也就是字首子音和字中母音有相同的音調性類別。如先前的預測，三個同質性音節的排序分別是第一（最低）、第五（中間）與第九（最高）；另一方面，異質性最大的音節是 /susu/（子音最高，母音最低）和 /mimi/（子音最低，母音最高），其排序分別是第四和第七。研究結果指出，聽力正常者能夠接收到在音調連續性中的差異。

因此，教師與治療師可使用音調性評估低、中和高音調性類別的聽覺接收，例如，/mumu, lala, sisi/。另外，無意義音節、字詞和句子的音調性類別在很多方面都有用途，包括特定錯誤的分析（例如，把中音調性的目標音說成高音調性）、正確得分百分比（例如，中音調性得分 80 % 對比於高音調性得分 10 %），以及孩童音素進展的發展順序（例如，到兩歲時會說 mama，七歲時會說 see）。

## •)) 音調性在發展層面的進展

18 個月到 3 歲之間的聽力正常孩童，其音素的習得是先從低音調性子音開始（例如 /p, b, m/），接著，在 2 歲半至 4 歲進展到中音調性（例如 /t, d, k, g/），最後，3 歲半至 8 歲之間進展到高音調性子音（例如 /s, ts, dz, z/）。母音的發展比子音早，通常在 6 個月至 3 歲間，從低音調性 /u/ 到中音調性 /a/，再到高音調性 /i/。雖然母音和子音的發展年齡和速率不同，但兩者的學習都依循著相同型態，也就是從低到中再到高音調性。在 18 個月大前，也就是音素習得之前，多數幼童依賴本體感受去感覺音素間的差異，之後他們學會接收這些音素並且分辨音調性的差異。

音調性類別和母音子音習得的順序之間的強烈關聯，顯示大腦處理母音和子音時，聽覺處理是主要的感覺輸入。如果孩童無法接收音素之間的音調性差異，他們的說話型態會有錯誤的構音，嚴重的錯誤構音將導致說話不清晰。這個音調性發展的模式提供了刺激與矯正語音的理論基礎，也就是先刺激和矯正低音調性，其次中音調性，最後才是高音調性。

## 最適當的八度音程

為了評估聽覺處理，聽輔儀被用來控制每個音素的語音頻譜，以找出 43 個英語音素各自最適當的八度音程（Guberina, 1972）。20 位聽力正常的成人將每個音素聽起來音質最自然的音程選出（例如，母音 /u/ 聽起來有其 /u/ 的特質，而母音 /i/ 有其 /i/ 的特質等）。選項是 20 個全音程的波寬，各有其中心頻率，對應母音 /u, a, i/ 所選出的中心頻率分別是 250、1250、5000 Hz，而對應子音 /p, t, s/ 所選出的中心頻率分別是 250、1600、8000 Hz。最適當音程連續模式和音調性連續模式相對應，依循的是正常孩童的音素發展。即使全部的語音頻譜中尚有其他的音響能量存在，正常孩童的大腦也會為每個音素的音調性微調，例如，雖然男性成人說話時， /a/ 的能量分布在 125 Hz 到 8000 Hz，

/a/ 的音程波帶還是在 1000 Hz。這種大腦調準讓孩童到八歲時就能聽到 43 個音素的差異，這個年齡同時也是孩童習得所有音素的年齡。

治療師可選擇聽輔儀上最適當的全音程過濾器來教導與矯正有接收問題的孩童的聽覺處理。最適當的全音程過濾器通過的，只有此目標音素的適當或本質頻率帶，例如，以 6000 Hz 通過目標音素 /s/，減少孩童誤說成 /t/ 的頻率（或例如，以 4000 Hz 通過 /ʃ/），這會讓孩童聽到目標音和錯誤音之間的音調性差異，而這種接收的差異可促進自我矯正，以及類化到口語會話中。

## 共振頻率：比較分析

研究者透過對每個音素的音響分析，得以辨識母音和部分子音的共振頻率，因為每個音素都有其獨特的語音頻譜（頻率反應）。共振頻率是由音量（dB）最高的頻率（Hz）來辨識。每個母音都有兩個以上的共振頻率或尖峰音量，有些與最適當的音程相似，例如，後母音 /u/ 的第一共振頻率在 300 Hz，與最適當音程的 250 Hz 相似；中母音 /a/ 的第一共振頻率是 750 Hz，第二共振頻率是 1090 Hz，和最適當音程的 1250 Hz 相近；高母音 /i/ 的第二共振頻率是 2290 Hz，第三共振頻率是 3010 Hz，與最適當音程的 3000 Hz 相似（Miner & Danhauer, 1977）。這表示母音的產出、音響上的共振頻率和聆聽者透過最適當音程過濾器的接收表現，這三者間互有關聯。

為了了解語音接收如何被我們運用，借用母音 /i/ 的特質來說明。/i/ 音的接收可以用 3000 Hz 為中心頻率的最適當音程，也可用 250 Hz 和 3000 Hz 的雙重模式或寬頻，這現象顯示，即使加入較低的頻率，3000 Hz 仍然是主要的最適當音程。如果聆聽未過濾的母音 /i/，聆聽者會使用 3000 Hz 的高頻，因為 /i/ 比母音 /a/ 的音調高。

## 發音部位：比較分析

最早，研究者用左視角的 X 光圖來決定母音典型的構音部位，母音被說話者以持續且單獨發音的方式說出。頭部的 X 光顯示最高舌位的母音是 /i/、/a/ 和 /u/，分別在口腔的前、中、後的位置。這些 X 光圖被用來設計成母音圖（vowel diagram），之後則被用來將子音分類，包括發音部位（唇到聲門）、發音方法（塞音到邊音）、帶聲（無聲與有聲）和鼻音（口部和鼻部）。

母音和子音構音部位的知識被多數語言病理學家用在發音部位處遇策略，治療師會指出孩童構音器官應擺放的位置、或畫出草圖、或用鏡子讓孩童看到正確構音的位置，雖然發音部位幫助了輕微構音錯誤的孩童，但對重度個案卻不能有效提供動態且持續的效果。發音部位是個靜態的模式，每個音素都各有一個位置，無法提供持續說話中的動態訊息，而這是協同構音的功能。43 個音素的音響共振頻率與構音位置有助於了解音素如何產出，但是透過孩童的聆聽技巧進行有效矯正的方式卻不太理想。因此，語調聽覺策略將音調性和最適當的連續音程（optimal octave continuum）併用在錯誤分析和處遇中，使個案能正確的聽與說，都是藉著聽輔儀達成。

## 情境教學：口語的語用

如前所述，語調聽覺策略以「母子對話」為基礎，留心的、關注的母親與嬰兒間發展出情感的連結，並且在有意義的情境中用到口語。在一個刻意的情境或環境中，母親會吸引嬰兒進入前語言的語音對話，和孩童建立重要的互動。當口語被用在視覺豐富的互動情境中，價值和意義就會在語音對話中被建立，這些早期的視覺情境提供了脈絡，父母得以透過情境教導子女語言的意義及教他們說話。這些是如何達成的？

　　正如同在「母子對話」中，母親和嬰兒間的互動可提升有意義的口語，同樣的效益也可在孩童與治療師的互動中被誘發。為了達到這個效益，每個情境都有獨特的視覺脈絡提供訊息，讓口語（前語言或語詞）有意義。主角、事件、物品、環境、脈絡、感情和場景都是情境的元素，提供視覺脈絡讓語音有意義，例如，對正常的嬰兒而言，主角通常都是媽媽、爸爸、娃娃、小狗和小貓等；主角的特質是大／小、冷／熱、好／壞等；事件是指這些主角正在做的事情（例如，吃、喝、說話、走路、洗澡、跑步與跳躍等）；物品是指主角所使用／操作的物體（例如，食物、水、果汁、球、車子、船與娃娃等）。環境和情境是指每分每秒所發生的事情以及為什麼會發生，而背景是這些動作和情境發生的地方（例如，廚房、臥室、遊戲場與浴室等）。操控這些視覺脈絡可改變口語的意義，但這些視覺訊息必須很明顯，不只是物體、事件和環境，舉凡與嬰兒相關且有意義者都要很明顯。為了讓嬰兒內化前述互動，並且有意義地辨識口語，這些相同的簡單情境（例如，在廚房邊吃東西邊說話）每天都要重複多次。在適當脈絡下，這些重複提供了必要的冗贅性給嬰兒，使他能理解母親的口語〔母親語（motherese）〕。起先，年幼的嬰兒對母親的口語報以微笑、親吻或接觸等的情感反應。接著，嬰兒開始以咕咕聲反應，如此方式下，母親與嬰兒的對話，從前語言的超語段層次進展到母親與幼兒所使用的字詞與句子，之後進展到如同幼童所用的句子。

　　這種情境可以是真實的，也可以是想像的。起先，嬰兒只了解真實、具體的情境；但是不久之後，他開始會解釋並且運用想像的情境，透過角色扮演來呈現先前的具體情境。想像力在嬰幼兒有意義的口語發展中，是個重要部分，例如，當嬰兒發展出這些想像的技巧時，他可能只會希望對方給他眼前看得到的東西，但是他會要求不在眼前的東西，所憑藉的是過去存在記憶中的視覺印象，靠著這個印象提出請求。正常幼兒很容易就能找到他儲存的記憶，無論從真實轉換到想像，或從想像轉換到真實，他都能了解二者的差異。

多數留心的母親喜歡讀書給嬰兒或幼兒聽，一開始，她們使用簡單的繪本，圖畫多，字彙少（例如，蘇斯博士的故事書），有效能的媽媽會將情感變化帶進閱讀，像演員一樣表演故事中的情節，把故事帶進嬰幼兒的生活。只要嬰兒喜歡，媽媽會反覆讀嬰兒喜愛的書，這些重複會促使嬰兒理解故事的內容。對嬰兒而言，母親以充滿情感的方式呈現故事，加上圖畫的視覺回饋，提供有意義的情境。書中內容的複雜度無關緊要，因為母親的高情感使故事對嬰兒有意義，嬰兒會跟著媽媽聲音中的超語段去感受故事的內容，而不是依個別的字詞。閱讀很有效益，並且是個重要的補充，但不應該取代在真實情境中三維的母親嬰兒對話，因為嬰兒在真實生活環境中透過互動理解口語，得到的效益最大。

## 語段：錯誤分析

以英語為母語且說話清晰的成人，他的口語中會用到 43 個音素，包括 14 個母音、5 個雙母音和 24 個子音。語音教科書提供文字拼音和語音符號來代表這些語音，為了提供有效的處遇，教師與治療師需了解如何使用這些語音符號，例如，治療師說出目標音素 /s/，而孩童用 /t/ 來反應，目標 /s/ 和反應 /t/ 各用兩個短斜線（//）標記，用來區分文字拼音與語音符號。在這個例子裡，孩童的錯誤是把目標音 /s/ 以音素 /t/ 替代。通常文字拼音與語音符號，可能在數目和形式上有差異，例如，/bit/ 有三個語音，所以用三個語音符號呈現，但是文字拼音卻有四個字母「beat」。雖然，語音符號的數量可能和文字拼音的字母數量不同，但是兩者都代表同一個目標語詞。練習、體驗和熟練的使用語音符號，可改進治療師錯誤分析的正確性，並且提高矯正程序的有效性。

但是，有些教育者不太喜歡語音符號，比較偏好以文字拼音呈現音素。只要教育者知道每個音素的傳統拼音方式與特例，這也是可接受的。最重要的是

教育者必須能聆聽、分析，以及寫出孩童的錯誤，只要語音轉譯和文字拼音之間的差異能被辨識，並且教師與治療師能一致地使用她選擇的方法，任一方法都可發展成有效的紀錄系統。

## 最適當的學習環境

當孩童在說話或聽覺處理中犯錯，他其實並沒有察覺到自己說錯，否則他就不會犯這個錯；沒有人會故意說錯。雖然年齡較大的孩童可能會在有人提醒時察覺到錯誤，多數孩童仍不懂如何矯正自己的錯誤，而是覺得無助與挫折。

治療師針對孩童發音的錯誤進行系統的分析，會蒐集到進行矯正所需的訊息，不幸的是，很多治療師都沒有接受過訓練，不知道如何辨識和使用錯誤的發音來找出此孩童最適當的學習情境。但是訓練有素的語調聽覺治療師會操控七個說話參數，透過聽輔儀為孩童提供最適當的學習情境。當孩童的錯誤音減少並能正確反應時，表示已達最適當的情境，矯正成功表示最適當的學習情境已經在這個特定的學習階段被建立。

## 七個說話參數

為了改善孩童的口語並且有效提升其學習，治療師必須「聆聽」孩童的說話錯誤、加以分析和調整自己的聲音，以便能矯正孩童的錯誤音。下列七個說話參數被用來分析和矯正孩童的語音輸出：韻律、語調、緊張度、停頓、音調、響度和時間，這七個參數同時出現，並且在說話的所有層次整體地被接收；也就是從前語言層次到有意義的口語對話。即使每個參數各自獨立，或和其他六個參數連結，都可透過個別修正一個或多個參數來提升孩童的學習能力。除了獨立的矯正系統，還要加上最適當的學習情境。以下針對各參數逐一討論。

## ·))) 韻律

　　發展上，韻律是最重要的語音參數，因為韻律是口語被處理和表達的基礎。韻律如何處理？如何解釋？本質上，孩童的大腦中有個很寬的波帶被「鎖定」在說話韻律中，就像是調收音機的頻道一樣。一旦鎖定，說話訊號清楚且無雜音；如果沒有鎖定，說話聲聽起來會模糊不清，例如，聽力正常的成人學習新的外語時（例如西班牙語），會有知覺模糊的體驗。母語不是西班牙語的聆聽者無法將西班牙人所說的音素、字詞和句子予以切割，因為沒有發生所謂的鎖定現象。

　　然而，以西班牙語為母語的幼兒很容易就鎖定了說話韻律。如果說話的字詞或句子太長，幼兒將只鎖定說話韻律的一部分，例如，袋鼠大隊長（Captain Kangaroo）是美國幼兒電視節目的主角。這個名字有五個音節，可以在一秒內自然說完，重音在第一和第三音節，如果改變音節的重音就會改變主角的名字。發音也是一樣，一旦改變，意義也會不同。有意義的重音型態和說話的速率，都是正確接收說話韻律的基礎。

　　若要描述一個特定的說話韻律，除了說它是快速、慢速或正常速率（每秒五個音節），還要加上特定音節的重音型態。治療師以說話的音量來考量音節的重音，例如，重音的音量可分成主要的（更多力道與強調）與次要的（較少力道與強調），或者是音節間沒有明顯的重音型態。主要的重音音節相較於次重音音節，通常持續時間較長（例如，300 毫秒對比於 150 毫秒），音調較高（例如，300 Hz 對比於 150 Hz），且較大聲（70 dB SPL 對比於 60 dB SPL）。總之，較大的力道同時改變了時距、音調和響度。

　　正常發展的嬰兒和幼兒會成功的處理或接收說話韻律，因為他的認知能力可解釋此參數。如果呈現的說話訊號超過他的認知能力，孩童將會接收到不同的說話韻律。以袋鼠大隊長為例，若孩童大腦的本體覺和聽覺記憶受限於每秒兩個音節，孩童會仿說成「袋長」（/Kapnu/）。對於成人所使用的複雜韻律型

態，聽力正常的幼兒都會做出這種反應，只能處理和重複五個音節中的兩個。當此孩童長大些，並且聽覺記憶擴展到五個音節型態時，就能正確接收韻律並且完整說出「袋鼠大隊長」。即使孩童的說話韻律正確了，但仍可能會在口語中出現錯誤的語段（例如，/b, k/ 和 /a, æ/），聽力正常孩童一直要到八歲才能正常處理並且正確說出複雜的說話韻律與個別音素。

在說話韻律中，字詞通常以音節的重音型態來分類，例如單音節（dog）和兩個音節（doggie）。兩個音節的字詞又可進一步分成揚揚格（spondaic）（即兩個音節的重音相同，例如「hotdog」，中文可稱為同調號雙字詞）、揚抑格（trochaic）（有兩個音節但是重音在第一個音節，例如「doggie」，中文可稱為重輕不同調號雙字詞）和抑揚格（iambic）（即兩個音節但是重音在第二音節，例如「above」，中文可稱為輕重不同調號雙字詞）。

最近的研究指出，孩童最先會使用的 50 個字詞，其音節重音型態與前一段所述相同。在這個學習階段（18 到 24 個月），揚抑格（重輕不同調號雙字詞）最為重要。揚抑格最先發展出來是可以理解的，因為在英語中，多數的雙音節字詞都是揚抑格。但是，之後的學習階段，孩童會將第一音節的重音改到第二個音節，這個改變會影響到語義和文法的類別，例如，從名詞 object 變成動詞 object，音素的特質相似，但是字詞的意義不同。適當的音節重音之重要性，從學習第二語言者有較重的腔調便可了解，這些人對於語音的處理與音節重音的表達都不正確，因此母語使用者經常會聽不懂他們在說些什麼（例如，40 % 的說話清晰度）。腔調很重會阻礙正常的溝通，因為說話韻律不相同且聆聽者無法正確聽取。總之，正常說話韻律型態的產出加上適當的音節重音，是正常的接收語音和清晰的說話所必備。

## •))) 語調

語調參數和韻律參數有密切的關聯，是說話的超語段型態之一。語調型態包括口語音調變化以及會促進且影響語義與其接收的音調轉變。口語是情感

（情緒）的表達，嬰兒和成人都依賴情緒的變化來傳達特定的意義。輸出的情境脈絡加上說話者的情緒，被反應在音調的變化中。經過一段時日，這些音調變化就組合成孩童的語調型態。

我們的情緒會以不同語調型態呈現在口語中，這些型態的習得依循著一個可預測的發展順序。正常嬰兒最先只表達出一或兩種情緒，一歲時，嬰兒的認知資料庫擴展到六至九種情緒（快樂、難過、生氣和滿足等）。

語調型態可分成兩種相反的形式，邏輯的或中立的語調用在平常的肯定句、否定句和疑問句；帶有情感的語調用來表達情緒，占口語句子 90 % 以上的比率。帶有情感的語調使說話變得有人性，並且有個人色彩。

要了解正常說話語調的重要性，需先體驗沒有情緒的中立聲音；其語調（單音調）平坦沒有變化，不易聽懂，並且可能被視為不禮貌或粗魯；說話者想要傳達的意思被負面解釋。另一方面，有良好語調（情緒）的正常口語讓別人感興趣，並且會鼓勵聆聽者與說話者互動。總之，說話是情緒的表達。

情緒的影響可用「不」字來說明，這個字可能有八種不同的意義，依所使用的情緒語調型態而不同，最極端的影響是「不」的真正意思是「是」，和原本所說的字詞意義相反，例如，幼童常聽到「不」，若被動消極的說這個「不」，可能會被接收成「是」；但是如果是很生氣的說「不」，就是個明確的否定，而沒有其他可能性。說話的情緒給孩童機會，讓孩童得以就語言的主要功能接受訓練，也就是一字可能多義，其意義依情境、脈絡和說話者的心情而不同。

從音響學的觀點來看，語調型態所測量的是口語的基本頻率（F0）和衍生的和諧音（harmonics）及泛音（overtones）。表達情緒時，孩童的 F0 會隨著時間變動，通常在一至兩個音程範圍間〔例如，孩童在 400 Hz 的平均 F0 可能從 200 Hz（減一個音程）到 800 Hz（加一個音程）〕。正常的說話語調也包括帶聲與否所帶來的頻率（音調）轉變（例如，不帶聲是 180 Hz，帶聲是 220 Hz）。聆聽者接收時會感受到音調的轉變，這對於說話處理很重要，因為說話

語調包括有意義的音調轉變，以及不同時間的變化。例如，上揚的語調從低音調上升至高音調，這些音調變化和語調型態不但影響到說話處理，也對說話者的身體產生生理效應。當口語音調提高時，身體的緊張度也隨著聲帶的緊張度增加（肌肉類化），孩童身體的緊張度與其聲帶及構音器官的緊張度都密切關聯。肌肉類化提供了孩童身體緊張層次和口語音質之間的直接連結，身體高層次的緊張度類化到聲帶就會產生較高的緊張度，從而提高口語的音調。

## •)) 音調：口語和頻譜

音調參數被用來分析孩童說話的口語音調和頻譜音調（音調性），孩童的口語音調應該要讓聆聽者覺得自然與愉快，才能夠得到良好且吸引人的音質。所有優良的歌唱者和善於說話者都有吸引人的音質，聆聽者聽取時會有愉快的感覺。自然的口語音調因說話者的年紀和性別而不同，平均而言，女性成人的口語音調（基本頻率）（250 Hz）比男性成人高一個音程（125 Hz），學前孩童的口語音調比女性成人高，口語音調最高的是嬰兒，可高至 800 Hz。學齡男童和女童的口語音調和女性成人接近；青春期中與青春期後，男生口語音調下降到接近成年男子的程度，女生則仍是和成年女子的口語音調相近。當然，在所有年齡群體中，口語音調有個別差異。

聆聽者所接收到的音調和頻率（Hz）之間有直接的關係，治療師在處遇中使用音調來判斷孩童所說的話，而使用頻率（Hz）來了解音素間的關係。

音素的頻譜音調（音調性）是更重要的部分，音調性可從低（例如，/p, b, m/ 和 /u/）到高（例如，/s/ 和 /i/），頻譜音調是來自於音素的所有頻率所造成的音調差異（例如，母音 /i/ 的音調比母音 /a/ 高）。頻譜音調或音調性對應著從耳蝸到大腦的音響特定部位組織。音調性的差異讓我們可以聽到英語中所有說話聲（音素）的差異，若沒有音調性差異，所有的說話聲聽起來會相同。說話不清晰的孩童無法聽到或說出這些音調性的差異。

·)) 緊張度

　　肌肉的緊張度是說話的主要生理參數，和身體動作有直接關係（見第二章前庭策略），治療師用於刺激與矯正孩童的說話錯誤時，此參數比其他參數有優勢，因為孩童的身體和構音器官之間有直接的連結，也就是肌肉類化。

　　要了解動作的生理，必須先了解成對的肌肉功能。當某一肌肉收縮時（主動肌），另一條肌肉就放鬆（對抗肌），做出與肌肉收縮相反的動作。成對肌肉組之間的生理平衡，讓身體四肢隨時都能做出精準的動作。要了解肌肉緊張度的精準使用，可觀察棒球場上熟練的打擊者，他將投手以時速 100 公尺投出的球打出全壘打，如果揮棒的精準度越高，那麼擊出全壘打跑壘的機率也越大。若過度啟動一組肌肉，或是對抗肌沒有適時的予以平衡，那麼打者會揮棒過急或太晚，以致揮棒落空。相同的原則可運用在說話中，正常的說話清晰者藉著說話型態的協同構音，每秒可精準的說出至少 15 個音素，有些音素需要較大的肌肉緊張度，例如，母音 /i/ 的緊張度比母音 /a/ 高，子音 /p/ 的肌肉緊張度比 /m/ 高。這些緊張度的差異可套用在身體動作，間接的以身體動作的緊張度來教導孩童如何正確產出說話韻律和每個語音。

　　從技術的觀點來看，生理緊張度的變化可透過電生理圖（electromyography，簡稱 EMG）測量到某種程度。在皮膚表面接上電極，EMG 會在時間軸上顯示電流的增加或減少，反映出肌肉收縮和放鬆的變化，也就是肌肉緊張度的改變。

　　在正常的語音對話中，聆聽者會感受到前述變化；溝通夥伴間若有密切的情感聯繫，聆聽者可感受、聽到和看到說話者的口語和身體語言中的緊張度差異，而聆聽者也確實希望說話者輸出時有展現出緊張度的變化，因為聆聽者會將他接收到的說話者情感予以調準，此種期望對於快速且正確的分析說話內容，可說是非常的關鍵；緊張度的應用在前面談到以身體動作矯正的小節中已做了詳細的解釋。

## •))) 響度

在 3 英尺的距離做正常的對話，說話者採取了對自己及聆聽者都最舒適的音量說話〔也就是最舒適音量（MCL）〕，靠近說話者口部的平均音量是 85 dB SPL，而在聆聽者耳朵的平均音量則是 65 dB SPL。在孩童發展語音接收時，他學會監控和調整自己的響度，直到他人聽得懂的程度，例如，若距離聆聽者 15 英尺，他會用較大的音量；若距離是 3 英尺，則用較小聲的音量。如果從相隔 3 英尺距離對話改變成 15 英尺，孩童的音量（用音量測定計測得，單位是 dB SPL）會從小（-10 dB）變到大（+10 dB）。要讓聆聽者有最佳的聽取表現，音量需有正常的變化。若孩童的聲音太大聲、太小聲、沒有變化，聽起來都會不舒服，因此，對聆聽者的接收會有負面的效應。說話者的語音若單調，他的語調和音量就都沒有變化。

43 個英語音素中，每個音素被說出時，其正常音量都在特定的音量（dB）範圍內變化，例如，15 個母音和雙母音有 7 dB 的音量範圍，而子音有 28 dB 的音量範圍，母音比子音的音量大。雖然，音量（dB）有差異，但所有音素的響度相似，例如，高音調性子音 /s/ 的整體音量比低音調性母音 /u/ 音量小，但子音 /s/ 和母音 /u/ 的響度相似，因為正常聽力的人對 2000 Hz 至 4000 Hz 的高頻範圍比對 300 Hz 至 600 Hz 的低頻範圍敏感。這個較高的敏感度讓子音 /s/ 和母音 /u/ 的響度相似，因為母音 /u/ 的第一共振與第二共振都低於 1000 Hz。就如同不同的音素有差異，同一個音素的響度會因為情境脈絡而不同，例如，與未加重音的音節相比，重音會增強音節內每個音素的響度。在 mama 一詞中，第一音節是重音，聽起來會比第二個未加重音的音節大聲。

因為音量（intensity, dB）和聆聽者所接收到的響度（loudness）之間有直接的關係，所以音量增加，響度也會增加。治療師用自己的響度判斷去分析孩童說話的大小聲；音量則是在了解音素之間的關係時很重要。

## ·)) 時間：時長和節奏

每個母音、子音、音節、字詞和句子等的長度都不相同，其差異是以毫秒為單位來測量，正常口語的節奏（tempo）是每秒五個音節，每個音節的平均時長（duration）為 200 毫秒：母音的正常範圍是 80 至 150 毫秒，子音是 20 到 80 毫秒。說話時母音需較長的時間，因為母音是音節的核心，並且母音在構音器官所遇到的阻抗較小。母音和子音的自然長度在正常的連續口語中不相同，有些音素的長度容易變化，但有些音素的長度只有些微的變化，例如，在 bit 中的母音 /ɪ/，只有些微的變化，但是在 beat 中的母音 /i/，長度的變化可以很大，不是很長，就是很短。同樣的，子音 /p/ 的變化範圍有限，而子音 /s/ 則可從很長的音變化成很短的音。

時間可用來測量長度、說話速率、說話節奏和重音型態等的變化，當說話速率和說話節奏被操控時，語音的處理就受到影響，例如，正常成人的說話速率對於失智症成人、聽覺損傷者或第二語言學習者的語音處理，可能太快了些。對大多數的這些個案而言，聽覺的損傷造成本體覺與聽覺記憶廣度縮短，因此來不及處理快速的口語。敏感的說話者會調整自己的說話節拍和語言內容來符合聆聽者的能力，以維持成功與有效的互動。

時機（timing）對孩童的口語而言是一個發展因素，例如，「choo choo train」的例句，孩童可能會先說 /oo oo ain/，由三個長度增加的母音取代沒有說出的子音。相同的現象也出現在子音位於兩個母音之間的例子裡，例如「coffee」，幼童會先說 /o ee/，接著才說 /co ee/，在這第二個階段中，/ee/ 的長度被加長取代沒有被說出的 /f/。這表示孩童需要擴展其接收技巧，來接收發音中的所有音素，這些都是正常接收發展的過程。

## •))) 停頓

　　停頓是生理上的停止，或口語和構音動作短時間（例如 200 毫秒）的停滯。每個停頓發生時，生理緊張度會增加，此口語和構音的動作「停止、撐住或停滯不動」，用以強調或增強一個特殊的意義。例如，在「我不能夠出去因為下雨了」（I cannot go out because it is raining）的句子中，通常口語會說成「我不能出去，下雨了」（I can't go out, cause it's raining），中間有個很長的停頓（200 到 500 毫秒），生理緊張度和口語音調的增加，取代了連接詞「因為」（because），並且意義更加被強調。

　　停頓參數也可能在字詞中發生，例如 keep，在母音 /i/ 結束和在字末子音 /p/ 的開始與釋放時，母音和子音之間有個自然的停頓。停頓時，語音不存在，韻律消失（off-time），語音的出現（on-time）會因此被強調。有天賦的口語演說者會運用停頓來強調意義，並且讓聽眾有機會處理說話者所說的話。例如，有效的說話者會說「It's appalling to see the scourging situation in which these poor people have to live!」在「It's」後面的語調（accent）越強、停頓越長，聆聽者會更加留意並聽懂說話者想要表達的意義。有效的停頓可提供聆聽者有意義的訊息，是維持正常說話韻律的強力工具。

　　開始時，嬰幼兒會感受到說話中的停頓，但之後當聽覺成為主要的知覺時，孩童就可以用聽覺處理停頓，即使在停頓的狀態沒有音響能量。在前語言的階段，嬰兒和幼兒也用得到停頓，而停頓在這個階段與在字詞／音素的階段攜帶著同等重要的意義。因此，治療師會使用停頓來促進孩童說話錯誤（發音）的分析和矯正。

　　總之，教師與治療師可運用這七個說話參數來分析和矯正孩童的錯誤，並修改後續的刺激以便提供最適當的學習情境。治療師用聽覺去接收每個參數，例如音調和響度，而不是需要儀器來量測的頻率和音量。治療師的接收技巧是幫助孩童正常發展的關鍵，除了聽覺外，治療師也致力於使用身體所有的感官，來發展正常大腦處理語音的功能。

## 錯誤分析

　　有效能的治療師會在刺激反應派典內使用錯誤分析策略，而刺激反應派典仰賴著對七個說話參數的理解與操控。藉著這七個參數，治療師聽取與分析幼童的錯誤，並且適當修改語音做為下一個刺激音，其目標是孩童正確的反應。治療師的語音修飾是以孩童的錯誤為主，這個策略提供了矯正孩童特定發音錯誤的模式，也在孩童和治療師間建立了真實的音韻對話。

### ·))) 刺激反應派典

　　刺激反應派典是從說話韻律和語調來矯正，而這也是口語的基礎，例如，在說話韻律的第一個階段，孩童應該會快速的說出多個音節，然後停頓，之後發出一個單音（例如 /mamamamamama（停頓）ma/），治療師以聽輔儀進行語音修飾、身體動作和振動觸覺輸出，幫助孩童感受「多對一」的說話韻律。一旦學會了，孩童就可控制並說出單音，抑制自己不要說出多個音。之後，孩童從兩個音節的音，擴展為會說揚抑格的重音型態（例如 /mama/）。

　　舉例說明治療師的錯誤分析如下：

　　治療師說 /mama/，孩童的反應是 /baba/。治療師的錯誤分析指出孩童的說話韻律、語調和母音都正確，但語段有錯誤，把 /m/ 用 /b/ 替代。孩童所說的 /b/，其緊張度高於治療師的目標音 /m/，為了替孩童建立適當的學習情境，治療師的下一個 /mama/ 刺激音，將緊張度減少，若孩童仍然無法矯正這個錯誤，則治療師再下一個刺激是將子音 /m/ 移到音節的字尾，改為 /am/，因為字尾的緊張度較低。若孩童可正確仿說字尾緊張度較低的 /m/，治療師再將子音移轉到字首，必須有技巧的移轉緊張度。若孩童可正確發出目標音，即表示治療師透過一系列的語音修飾，使用不同程度的緊

張度，建立了適當的學習情境。

　　治療師的語音修飾會導致所要達到的矯正結果；然而，如果未能出現矯正結果，治療師就可加上緊張度較低的身體動作，來減低孩童於字首的肌肉過度緊張。對於不同程度的緊張度，治療師使用的精練程度與她在語音修飾中改變情感的能力有關。另一個處遇工具是用 800 Hz 的最適當音程過濾器，設定在低音量，強調子音 /m/ 的最適當頻率，最適當的過濾器可去除孩童錯誤的頻率。此七個說話參數的錯誤分析策略，幫助孩童聽到自己的錯誤並自我矯正，孩童會成為較有能力且較自信的聆聽者，他會微調聽覺技巧，來監控自己和他人的說話，這是用來矯正說話錯誤的精準聆聽技巧的基礎。

## •)) 永久的錯誤

　　有些治療師重複相同的目標音刺激數次，假定「正常的目標音」會導引孩童自我矯正。但是對於重度溝通異常的孩童，這樣的情形不會發生，治療師可能越說越大聲，或是過度誇張構音部位，而依然沒有成效。如果治療師不使用錯誤分析而只是一再重複目標音，沒有進行成功的矯正，則會造成孩童永久的錯誤（permanent errors），成為習慣並且阻礙孩童的正常發展。總之，練習使錯誤永久固定，而非使孩童的發音完美或全部正確。矯正說話錯誤的關鍵在於語調聽覺治療師的能力，她是否能分析孩童的錯誤並教導孩童成功的自我矯正，所以，當練習並不能帶來完美時，語調聽覺治療師就需使用有效的策略來矯正孩童的錯誤。

# 處遇

## ·))) 情境教學

　　為了讓溝通異常孩童的學習最大化，在個別課或小團體中，情境被創造來教嬰兒、幼兒或孩童有意義的語用技巧。治療師使用簡短、有意義的故事，來將嬰兒、幼兒或幼童吸引到情境中。當幼童更加有興趣時，他們會想要從記憶中去演出那個角色，很快的，所有的孩童都會想要在故事中演出一個角色，開始一個像舞台的表演。這主動的角色扮演和互動使孩童的記憶最大化，讓他們可以把口語的語用表現出功能性的用途，且給孩童一個有意義的脈絡，將新學到的概念用出來。

　　以下用孩童團體舉例說明：

　　一開始，治療師使用有意義的費雪牌（Fisher-Price）玩具或代表不同角色的人形玩具，例如，母親角色（媽媽）對嬰兒是有意義的。每次使用相同的玩具角色組，讓嬰兒與幼兒可辨識這個被稱作媽媽的人物而不致混淆。這個情境角色的扮演有不同層次的複雜度，第一個層次選取的是「媽媽」和「爸爸」等基礎的字詞，故事中的角色有四到六個簡單的句子對話，例如「哈囉，媽媽」、「哈囉，小寶寶」、「我們一起去散步」、「爸爸在哪裡？」、「和爸爸一起散步」、「走，走，走，走」。接著，可加入新角色（例如，小貓咪、小狗等）於故事中，孩童在此層次只是一個對活動感到興趣的觀察者。第二個層次，孩童被帶進故事中，並且主動參與成為其中的一個角色。這個層次持續進行，直到所有孩童可參與故事，且能記住並以口語說出每個角色所說的話。第三個層次，所有主角的對話都是來自記憶，因為每位孩童都已將故事內化，能每天在想像的情境中演出故事，而此時偶發的學習是最有效的。最後，第四個層次（針對較大的孩童），治療師寫出相同的情境故事和詞彙，以之教導閱讀和寫

作，孩童學會讀和寫出他們在之前情境中的對話。語言技巧複雜性的提高是這個層次的要求，因為要為這些孩童做好準備，使他們得以在少許調整甚至不必調整之下，成功回歸普通學校的班級。

## •)) 從教導式學習到偶發的學習

通常，溝通異常越嚴重，教導式處遇的密集度要越高，尤其是在嬰兒和幼兒的關鍵發展時期，例如，極重度聽覺損傷（聽閾 +90 dB）的孩童，其殘存聽力有限，需要每天密集的教導式處遇，並且持續三年或更久。重度聽覺損傷（聽閾 70 dB）的孩童需要一至兩年的密集處遇，才能成為有效能的助聽器使用者。電子耳蝸孩童通常比戴助聽器孩童的進展快，提供孩童適當的處遇層次是決定孩童是否能夠成功回歸主流的重要項目。

對於電子耳蝸孩童，有些教育者依賴偶發的學習，因為植入後孩童的純音聽閾接近或在正常的聽力範圍內（25 dB），教育者可能因此而假設他的聽力正常。如果孩童無法發展出韻律和語調說話型態的基礎，那麼在孩童發展的早期階段決定只用偶發的學習，可能在之後會產生問題。偶發的學習應和其他教導式策略合併使用，本書作者建議以有效的教導式矯正策略開始，為後續偶發的學習設計情境，孩童會類化到自然的環境。孩童的自我矯正使偶發的學習最大化，故應促使孩童將處遇中所學會的技巧成功地類化到自然環境。教導式學習與偶發的學習之間需適切的平衡，才能讓孩童自然的發展，跨專業團隊負責密切監督，並且為每位孩童決定各自合適的個別化教育計畫（IEP）。

## 參考文獻

- Asp, C. W. (1985). The Verbotonal method for management of young hearing impaired children. *Ear and Hearing, 6*(1), 39-42.

- Asp, C. W., & Guberina, P. (1981). *Verbotonal method for rehabilitating people with communication problems.* New York, NY: World Rehabilitation Fund.

- Guberina, P. (1972). *The correlation between sensitivity of the vestibular system, and hearing and speech in verbotonal rehabilitation* (Appendix 6, pp. 256-260). Washington, DC: Office of Vocational Rehabilitation, Department of Health, Education, and Welfare.

- Kim, Y., & Asp, C. W. (2002). Low frequency perception of rhythm and intonation speech patterns by normal hearing adults. *Korean Journal of Speech Sciences, 9*(1),9-16.

- Koike, K., & Asp, C. W. (1982). Tennessee test of rhythm and intonation patterns. *Journal of Speech and Hearing Disorders, 46,* 81-87.

- Miner, R., & Danhauer, J. (1977). Relationship between formant frequencies and optimal octaves in vowel perception. *American Audiology Society, 2,* 163-168.

# 5

# 第二語言策略：以聽覺為本位

## 雙語論

### •)) 最容易說第二語言的方式

　　首先，讓我們思考一下理想的語言學習環境是如何。一對居住在西班牙的美籍家長將幼兒送去一個學前機構，班級裡有 15 個以西班牙語為母語的幼兒。該機構上課時間從上午八點到下午五點，班級進行的活動以符合兒童發展的遊戲、社交活動與口語為主，沒有用到書面文字，學前班的老師從出生就住在西班牙，並且在班級中只說西班牙語。

### •)) 美籍幼兒在此環境學習的預期結果

　　過了三個月或 480 小時（40 小時×12 週）的課程後，再加上課後在西班牙語的文化中互動，美籍幼兒說西班牙語的流暢程度如同西班牙同儕一樣好。美籍幼兒的發音和西班牙同儕相似，如果他的西班牙語很道地，像他的西班牙同儕一樣好，那麼他將能被大家接受。

　　如果美籍家長的西班牙語很流利，且在家中對幼兒只說西班牙語，幼兒說的話甚至會更像當地人。但是如果父母不說西班牙語，或者說的是一口「破」

西班牙語，結果幼兒的口語還是會一樣棒，只要這些幼兒可以和講西班牙語的人互動，以及／或是在晚間與週末有看西班牙電視節目。這些幼兒在這個時候就真的是英語及西班牙語的雙語者。

## •))) 理想的情境

所謂情境必須同時從理論與實務兩部分進行分析。若是能了解在某種情境何以會成功，就能夠設計並執行成功的第二語言方案，同樣的方案也能用來幫助溝通異常的孩童學習母語。

首先從年齡來看，學前幼兒處於最適當的年齡階段，因為他們大腦的神經可塑性佳（例如，學習與記憶新事物的能力），學習「舊」訊息並不會干擾「新」訊息的學習。簡言之，孩童的母語「舌頭」（大腦接收來自前庭系統的訊息）不會干擾他的「耳朵」（大腦接收來自耳蝸的訊息）。即使美籍學前幼兒能流暢地說母語英語，當他說出英語音素時，他的舌頭（構音器官）所具有的運作習慣不會干擾他學習西班牙語音素的說與聽（即舌頭動作與聆聽）。

主要的差別在於美籍幼兒能學習到新的韻律、語調、腔調、方言及肢體語言型態。即使西班牙語與英語型態不同，孩童也能將新學到的西班牙語的動作型態內化，且很快地自動在日常生活中使用。這樣的話，兒童就能夠說出道地的西班牙語。這時候，西班牙語音素與音節型態的學習和內化就有了可能性，因為孩童對於第二語言音素與音節型態的學習已不再像是個重聽者，而是形同「從蓋蔽中釋放」〔例如，英語（也就是母語）的說話動作型態不會干擾西班牙語（外語）的動作型態〕，並且孩童可以「聆聽」（更恰當的說法是「感受」）西班牙語音素與超語段的細微差異。第二語言教學的首要挑戰即在於減低或消除母語對外語的負面效應。

從神經學的觀點來看，美籍學前幼兒並未發展出英語的右耳優勢（左半腦），大腦的左右半球各自獨立與活躍地接收訊息，但是如果他是個青少年，他的胼胝體將完整地長出髓鞘，因此學習第二語言時，左右半球以一個側半球

的方式運作。

## •)) 影響學習的知覺因素

### 動作與記憶

美籍學前幼兒在日常生活中與西班牙幼兒做社交遊戲時，總是邊說（發聲）邊動（前庭接收）。這樣的動作增進了兒童的記憶型態，他的大腦同時對西班牙語的韻律與語調產生編碼。

### 西班牙語的情緒智商（EI）或情緒商數（EQ）

所有的遊戲情境，包括情感、戲劇、驚喜、想像，以及自發性情緒，對於發展學前兒童西班牙語的情緒智商（emotional intelligence，簡稱 EI）都有幫助。兒童不同的語調型態反應出不同的情緒範圍，當語調型態改變，意義也跟著改變。舉例來說，當「不」這個字伴隨著不同的情緒意涵時，意義就隨著改變，所以可以有多重意義（四到十種）。在適切的情緒與脈絡時，「不」甚至可以表示「是」的意思。每個字平均有 10 個不同的意義，因此兒童能僅用 25 個字表達 250 種意義。

### 說話的韻律與腔調

當兒童透過前庭系統「感受」到說話的韻律，他的大腦就會接收到西班牙語的說話韻律，我們稱之為「身體接收」。一旦說話的韻律被內化到記憶中，兒童只要透過聆聽就可以回憶多種不同的型態。說話的韻律及押韻對兒童的大腦而言，不但覺得愉快，聽起來也開心。好的韻律接收讓兒童對說話者的韻律型態有所期望，簡言之，它會讓學前兒童對於西班牙兒童即將說的內容有所期待，並且能夠輕鬆且愉快地快速聽取。

### 在學習中經歷的社會情境

日托課程中的社會情境（脈絡）時時刻刻都在改變，字詞或句子的意義依

情境而定，而情境變化很大。學前兒童從社會情境中獲得西班牙字詞的記憶，這些情境可以是真實的，也可以是想像的。學前兒童能夠在真實與想像之間互換，並且明瞭其中的差異。學習西班牙語中的細緻部分，遊戲與想像對於 EI 都十分重要。

在情境中也會用到角色扮演，也就是學前兒童扮演不同的角色（例如媽媽、爸爸、幼兒、小狗等），扮演別人會讓學前兒童學習到其他說話者講的話，並且也記住這些話。

## 聽覺—視覺（AV）情境

聽覺與視覺對學習都很重要。起初是視覺的輸入在掌控，因為學前兒童透過他在社會情境中看到的動作而了解其意義。當兒童的接受性語言快速成長時，他能從整體的觀點進行理解。而隨著表達性語言的成長，聽覺成為學習聽與說西班牙語的主要管道。

## 聽出錯誤之處

所有學前兒童在學習西班牙語的初期，都會犯很多語段（語音）錯誤。發展常模顯示，語段錯誤會隨著年齡逐漸成長而持續減少，直到八歲。兒童音素的學習符合音響特定部位組織的特質，也就是從低音調性發展到高音調性（例如從 /b/ 到 /s/），此發展是以聽覺為基礎，這也是為什麼許多早期學會的字詞都屬於低頻率（例如：爸爸、媽媽、寶寶和抱抱）。

如果說話的句子太長，超過了兒童的本體覺與聽覺記憶，他的說話韻律會犯錯。例如，要一位只有三個音節記憶的兒童說出七個音節的句子，那麼他將只能重述三個音節，但是韻律型態沒問題。他的超語段已達標準，因為超語段的架構很容易辨識。到了八歲時，兒童的聽覺記憶超過七個音節，這時候他就能處理較長且較複雜的語句。

在出生後的第一年，嬰兒接收到父母及親友的說話情緒。第二年，幼兒發展出許多情緒，並且透過說話者的語調型態接收到多種情緒。幼兒很少在情緒

接收方面犯錯，如果在情緒接收方面犯錯，就表示他不理解對方說話的內容。

學前兒童能接收（聆聽）到這些錯誤，並且逐漸矯正，起先是在韻律與語調的層次，稍後是在音素層次。學前兒童之所以能因接收且矯正說話的錯誤，是因為他能「聽」到這些錯誤。但是在相同社會情境中的成年人則不能如此清楚地「聽」到他們的錯誤，因此如果沒有意外，他們會永遠犯錯，且維持著錯誤的腔調，除非他們接受結構—整體—聽覺—視覺（SGAV）方案或類似的課程，否則他們無法成為道地的西班牙語說話者。

### 夢見西班牙

上了三個月密集日托課程後，學前兒童會開始用西班牙語做夢。在做夢的快速眼動期（rapid eye movement，簡稱 REM），大腦將「重整」，並且幫助學前兒童記住新的西班牙語，讓兒童的知覺內化與自動化；兒童學游泳也是相似情形。

## 結構—整體—聽覺—視覺程序

結構—整體—聽覺—視覺（Structuro-Global-Auditory-Visual，簡稱 SGAV）程序源自於葛柏里納教授（Guberina, 1972），Roberge 教授將它改良後，以成年人或年齡較大孩童為對象，用來發展他們第二語言的說話技巧；應用在學前兒童身上一樣有效。SGAV 的理論基礎包括以下數個策略。

### •)) SGAV 方法的理論基礎

五歲以下的兒童學習第二語言比較容易，並且也比較成功。可將這些兒童與其他會說第二語言的兒童安置在同一個社會情境中（例如，托兒所），那麼這些兒童就會學著那些講母語的兒童說話，學到他們的韻律、語調型態、腔調及身體語言。如同先前所解釋的，當一個說英語的學前兒童在西班牙的日間托兒所上課時，他會學習到正確腔調的西班牙口語，而不受到成人的干擾。這些

幼兒在習得第二語言的個別音素前，已學會了第二語言的韻律及語調型態。此外，他們是在有意義的情境中學習，情境中有冗贅的訊息使他們能夠了解口語的意義，而無須任何人告訴他們每個字詞或句子的意義。

8 到 12 歲間，即使在相似情境，第二語言的學習會顯得更加困難，因為母語阻礙了第二語言的學習。但是 4 到 12 歲的兒童在韻律、語調及腔調的學習都優於成年人。過了 13 歲，開始經歷青春期，因為大腦已經成熟，生理方面已形同成年人。這些神經上的差異造成韻律、語調及腔調的學習困難。許多外行的觀察者及一些專家可能會認為其困難是來自第二語言的個別音素，但是，聽覺處理以及韻律、語調、腔調的學習才是主要的議題。

到了成年人的年紀，連接大腦左右半球的胼胝體，其髓鞘都已長全，多數人左半腦（右耳）成為第一語言的優勢腦。這時候，母語「舌頭」干擾並且蓋蔽了「耳朵」去聆聽第二語言。換言之，母語的韻律及語調型態干擾（蓋蔽）並且阻斷第二語言的學習。學習者因此無法聽清楚第二語言的音素或者腔調，而且因為情境無法被清楚接收，難以連結意義。

公立學校系統及大學的第二語言教學，在教導口語及聆聽技巧方面不很成功，因為第二語言的韻律、語調及腔調都沒有達到如同母語的水準。多數學生在國外不被認為會說當地語言；直到學生的第二語言被認為說得像當地人時，語言的精髓才被他／她內化。多數課程著重於文法規則、詞彙的使用與動詞變化，藉之了解書面語言。但書面語言與口語是兩個不同的實體，這種死背的方式不能讓學生記住該語言，在畢業兩年後，學生多半已經忘記曾經學到了什麼。就如同研讀字典時，要透過字詞在日常生活中功能性運用，才能夠記住字詞的意義。

這種學習策略還有另一個問題，一些大學或公立學校在他們教外語的語言聆聽實驗室中採取的策略是以寬頻播放錄音訊號，第二語言學習者聆聽後，寫下意義並且嘗試模仿他們所聽到的內容；因為他們的母語舌頭干擾他們的耳朵，因此無法清楚且輕鬆地聽取第二語言，於是學生的口語持續犯錯，並且不

知道有錯誤發生。而他們之所以無法意識到自己犯了錯誤，是因為他們聽不出播放的錄音和他們所說的有何差異；即使他們聽到了差異，也無法自己矯正錯誤。但是當學生在 SGAV 的教室中累積了至少 90 小時的密集刺激與矯正（透過聆聽口語的方式），一旦他們進到聆聽實驗室，就能夠聽出自己說的與播放的錄音有無差別。這樣的訓練讓學生在聽到自己說出的句子中出現錯誤時，能自我矯正，所以關鍵在於自我矯正的能力。

還有另一個問題是多數第二語言教師的母語並不是他教的這個語言，尤其在高中的外語課程中經常如此。而在大學教外語者，則多半他的母語就是他所教的語言，不幸的是，許多大學裡的教師沒有特別的策略去建立新的韻律及語調型態，也沒有第二語言的聆聽技巧，他們的教學策略並沒有遵照本章所提到的理想學習情境。

## ·)) SGAV 教學策略

SGAV 方法是透過自然情境來教學生口語的意義，使用的媒介是圖片結合錄音檔，或只用錄影帶。每個單元有 10 到 20 張圖片，運用問題、答案、回應與情意陳述等方式，這些單元由易而難，逐漸進展到會話技巧。例如，以英文課為第二語言，第一單元可能是——

第一行：哈囉，約翰，你好嗎？

第二行：我很好，謝謝。

第三行：桃樂絲，這是約翰。

第四行：他是我的朋友。

第五行：很高興認識你。

第六行：我是桃樂絲。

第七行：桃樂絲是我太太。

第八行：你來紐約觀光嗎？

第九行：是的，我來紐約觀光。

第十行：這是你家嗎？

第十一行：是的，這是我家。

第十二行：你要進來嗎？

第十三行：好的，我想進去。

第十四行：時間不早了，晚安。

第十五行：再見。

以上是一個情境故事的例子，有起頭也有結尾，其中有三個角色：約翰、桃樂絲及說話者。情境中有問題與回答，形成一段課文。第一階段有 15 堂課（或情境），在初期時，也就是聆聽的 60 小時課程內，沒有任何閱讀或寫作。60 小時後，才開始將最初單元中涉及的字詞與句子以文字呈現，讓學生去閱讀與寫出會話情境中的字詞。

如同學前兒童，透過動作可增進情節、情感、全身動作及姿勢等，這些將促進情緒智商（EI），有助於第二語言的精熟，有關這些動作的特定性將在下個章節進一步說明。

## ·⑴ SGAV 的聽覺基礎

教室內使用的聽輔儀是一個四軌的訓練器，包括：（1）20 至 20000 Hz 的寬頻帶，（2）300 Hz 的低通；（3）3000 Hz 的高通；（4）介於 300 至 3000 Hz 的有限頻帶（與電話類似）。儀器操作容易，每個頻道都各有一個控制鍵，第一軌（寬頻帶）是搭配錄音檔介紹 15 張圖片，透過相關的問題與答案了解其中的意義。但是為了打破母語對第二語言的影響，下一階段的模仿練習先將錄音檔通過第二軌的 300 Hz 低通過濾器進行。300 Hz 的低通過濾器保留了第二語言的韻律和語調，但是降低了清晰度。因此，聆聽者可以輕鬆地模仿第二語言的韻律和語調。在這個階段，老師必須辨識教室裡每個成員的錯誤，並且在

他們的模仿後即刻矯正。錄音檔提供第二語言的標準示範，老師正確模仿範例給學生聽。矯正後，學生一旦能成功的模仿，他們就會聽得出錄音檔、老師及每個學生模仿的差異，這會讓他們透過聆聽而學習到矯正錯誤。這種方式成功的關鍵，在於老師修正並呈現下一個刺激音的能力。配合著身體動作或姿勢，老師需要理解本書前面提及的七個知覺參數，並且有效地透過刺激反應架構來進行矯正。透過這些參數，可以第二軌的 300 Hz 低通過濾器達成早期韻律及語調矯正的任務，之後，聽輔儀可設定在更進階的層次。

第二個層次是採取雙重模式，也就是第三軌的 3000 Hz 高通過濾器，加上第二軌的 300 Hz 低通過濾器，增加的語音能量增加了語音清晰度。但是這個設定沒有讓 300 至 3000 Hz 範圍的語音通過，這當中包括了會干擾聽覺的母語的音素。一旦第二個層次的雙重模式被達成，老師再切換到第四軌的 300 至 3000 Hz，主要是練習聽取第二語言的音素，第四軌的頻帶寬度與電話系統接近。一旦 300 至 3000 Hz 頻帶達到精熟且不被干擾，這種頻帶就可運用在每天的口語聆聽情境中。

## ·))) SGAV：以最適當音程做個別矯正

聽輔儀被用在落後班級同儕的個案，做為個別化訓練課程之用。在 20 小時的班級課程後，學生被分組。多數學生都學得不錯，但是有少數學生無法聽取韻律與語調型態或音素的差異，因此，以語言的最適當音程來做矯正。例如，為了矯正第二語言的 /s/ 音，過濾器設在中心頻率 6000 Hz，用耳機接收。老師對著麥克風說話，學生聆聽第二語言的 /s/。高通過濾器有兩個作用：（1）將 /s/ 音從接收的最適當頻率中通過；（2）過濾或減弱錯誤替代音的頻率。如此一來，學生就可以練習著清楚聽到這個音素，並且與其他相鄰頻率帶的音素予以區辨。

另一個例子是較難矯正的英語母音 /æ/，例如 cat、sat、apples 中的母音。矯正時，當老師發出 /æ/ 時，要將最適當音程的中心頻率設在 1600 Hz。西班

牙（墨西哥、波多黎各等）人、義大利或阿拉伯人說 /æ/ 的母音時，常錯說成 /a/，老師可使用較緊張的方式說 /æ/，或者使用上述過濾器增進正確說出母音的機會。另一方面，如果錯說成母音 /e/（法國、波蘭、中國、俄國人），老師可能可將頻道調整成放鬆的方式，亦即把中心頻率的數值往 1600 Hz 以下調整。結合最適當的音程與正確的緊張度，就可提供最適當的情境進行矯正。

以聽輔儀做個別訓練，並且搭配著一個或更多個參數的調整，對於早期學習階段很關鍵，並且也確保每位學生都能跟上班上同儕的進度。當學生在濾頻的情境聆聽了音素後，他的大腦被調準到該音素的頻率帶（最適當的音程）。得到的結果是，當他們以寬波帶在日常生活情境中聆聽時，大腦仍會調準到該音素的頻率範圍，這是進階的聆聽層次，也意味著聆聽已類化到日常生活的情境。

## ·))) 團體矯正與童謠

### 團體矯正

一旦完成 SGAV 的團體教學，表現差的學生會聽到表現較佳學生的錯誤及矯正，然後他們就能夠自然地進行自我矯正。雖然表現好的學生不見得能像老師一樣做為聆聽的楷模，但是表現差的學生可聽得出楷模與表現較佳學生間的差異。年齡較大的學生亦可透過這樣的方式進行，即使他們無法完整做到自我矯正，他們仍會表現出一些進步。

### 童謠

第二種方式是運用童謠（nursery rhymes），因說話韻律是正確聆聽與說話的基礎。何謂說話韻律？為了教導第二語言的韻律型態，老師需要做如下的呈現：（1）每一行（二、三或四個重音）都要有固定且規律的韻律型態；（2）要重複音素、音節及押韻；（3）一般而言，四行為最佳；（4）每一行有四到

八個音節（Roberge, personal communication, 2001）。

舉例：

| 音節數 | | 重音節數 |
|---|---|---|
| 5 | Rain, rain, go away | 4 |
| 7 | Come again another day | 4 |
| 5 | Rain, rain, go away | 4 |
| 6 | Little Johnny wants to play. | 4 |

這首童謠有四行，「rain」被重複四次，每行都有四個重音，且雙母音 /ei/ 的韻腳重複四次。

另一個例子是：

| 音節數 | | 重音節數 |
|---|---|---|
| 4 | Five little monkeys | 3 |
| 5 | Jumping on the bed | 3 |
| 3 | One fell off | 3 |
| 4 | And bumped his head | 3 |
| 6 | Mama called the doctor | 3 |
| 5 | And the docor said | 3 |
| 5 | "No more little monkeys | 3 |
| 5 | Jumping on that bed" | 3 |

然後重複，但是改成四隻猴子……之後是三隻猴子……等。

當老師說出重複的語句時，也是一種語音韻律，例如：

| 音節數 | | 重音節數 |
|---|---|---|
| 4 | This is my <u>house</u>. | 2 |
| 7 | These are the <u>ears</u> of my house. | 3 |
| 7 | This is the <u>mouth</u> of my house. | 3 |
| 7 | This is the <u>nose</u> of my house. | 3 |
| 7 | These are the <u>eyes</u> of my house. | 3 |
| 8 | These are the <u>eyebrows</u> of my house. | 3 |
| 7 | This is the <u>hair</u> of my house. | 3 |
| 7 | These are the <u>arms</u> of my house. | 3 |
| 7 | These are the <u>hands</u> of my house. | 3 |
| 4 | <u>Hello</u>, my house! | 2 |

　　因為童謠中的韻律結構只押一個韻，所以如果童謠的韻律能被適當的學習，個別音素都會自然地被矯正。這可能會讓一些讀者困惑，但是「布丁的好壞一嘗便知」（proof is in the pudding，意思是：這是有效的）。而其他韻律可能適合於其他類型的音素、音節（字詞）或重音，正確的音素將會源源不斷地被說出。

　　圖片對童謠的韻腳很有幫助，其功能包括：

- 加速記憶與模仿。
- 可了解意義，因此不需要語言的轉譯，並且還可促成學習者的參與。
- 可做不同遊戲。
- 提供不同的韻律型態。
- 最後，給予學習者自信心。

　　因此當學習者被融入童謠的韻律型態時，他不會對抗或拒絕。就像某些人到了舞廳後，起先他可能會拒絕跳舞，但聽了五分鐘的音樂韻律後，他會有想要跳舞的感受，若不參與，他的身體就會需要額外的能量去抗拒或離開舞廳。

## ·))) SGAV：視聽成分的教學順序

老師以聽輔儀、視聽錄音帶及圖片為工具展開階段一的準備工作，目標是引導第二語言的情緒（情意），採取的是完全融入第二語言的整體方式。第一節課都是用寬頻帶，教師帶著大家把 15 張圖片搭配問題與答案一一看過，並且要學生討論其中的語義，當他們對第二語言有整體的概念後，老師再針對每個學生去逐一強調第二語言，這時候，課堂上都還不會用到字典或書面資料。

階段二是先透過 300 Hz 的低通過濾器呈現語音，目的是模擬語音的韻律與語調型態。老師持續以這些單元為教材，直到學生能夠以第二語言的韻律與語調模仿這 15 組問答。這個過程以雙重模式（低通與高通）、電話頻帶及寬頻帶各再重複一次。藉著這個過程，聆聽技巧從最難的韻律與音調，進展到各音素的微調。

階段三從模仿進展到情境中的角色扮演。例如，三個學生，一個扮演桃樂絲，一個扮演約翰，另一個扮演說話者。在沒有視聽輔助下，學生開始將第一課的全部對白以角色扮演方式演出，此種活動測試了他們的記憶力以及對情境的理解能力。教師依據學生的表演做個別矯正（例如「哈囉，約翰，你好嗎？」），假如學生說錯了，老師馬上矯正，並且請學生再模仿一次。但是，角色扮演的用意是要學生記住這些台詞，並且要他們彷彿是在戲院的舞台上一般，將課程內容自發地表演出來。如此一來，就可促使班級中的每個成員在情緒上融入第二語言的情境。透過每一課的情緒扮演，本體覺與聽覺記憶將會成為永久性，並且在課程的學習結束後還可以長久保留。例如，若是兒童每天游泳，最後成為很棒的游泳者；假如經過了十年他都沒有游泳，當他年齡較長後，一旦他再次跳入水中，立刻會充滿信心地游起來；游泳的動作在記憶系統中自動被感受到，並且和講話與聆聽一樣，都是以高度的技巧被保存著。

## •)) SGAV 在學校的運用

SGAV 方法應成為學前班、幼兒園及小學一年級的一部分，這是學生成功獲得並維持第二語言韻律與語調的機會。幼兒在每個情境中學習第二語言，於是習得雙語。透過課後社團或者是社區中特定的情境，兒童得以完整地沉浸在第二語言中；如果學校系統等到中學或高中才教第二語言，會更困難且成效不佳。如果在學前或小學一年級就將韻律及語調型態的根基打好，國中與高中時期的教學就可用來精煉個別音素與超語段的接收與產出。

但是如果沒有機會在年幼時習得外語，還有一個可能性：做童謠或韻律式刺激音的訓練。雖然不見得可以成為訓練有素的聆聽者或說話者，但能夠達到一定程度的流暢度。就如同東方諺語所說的：「透過自己的身體學習」，這句話在母語與外語都一樣真確。

## •)) SGAV 在私人機構的應用

SGAV 可以運用在私人機構進行成人的第二語言教學，班級人數上限為 15人。經過 60 小時的訓練，學習者的大腦與耳朵對第二語言更加敏銳，之後第二語言就能透過閱讀與寫作來教導，如果是成人就可獨立學習。但是，一開始的 60 到 90 小時必須在教室中，由訓練有素且有執照的 SGAV 老師指導。

## 摘要

總之，SGAV 方法與語調聽覺策略皆可運用在所有溝通的問題，包括學前聽力損失者，學習的策略與技巧相似。學習第二語言的成人所犯的錯誤與聽覺損傷者很類似。由於母語的干擾〔例如舌頭（構音器官）阻礙耳朵，並且大腦抗拒另一種語言的侵入〕，第二語言的學習者彷彿是個重聽者。

此外，學習西班牙語的美國人與學習西班牙語的法國人，其錯誤型態各不相同。因此老師應該要了解這種錯誤的系統性，以便採取有效的程序進行矯

正。這表示每個學西班牙語的美國人都可依循同樣的系統學習，但是母語不同的學習者（如義大利語或任何其他語言）學西班牙語時，會採用不同的系統。

　　無庸置疑的是，這樣的基礎訓練可運用在有說話問題、說話缺陷與說話差異的成人或兒童。美國的方言與地區口音差異相當驚人，老師或治療師應當覺知此問題，並且盡早找出簡易的解決方法。

## 參考文獻

* Guberina, P. (1972). *The correlation between sensitivity of the vestibular system, and hearing and speech in Verbotonal rehabilitation.* （Appendix 6, pp.256-260）. Washington, DC: Office of Vocational Rehabilitation, Department of Health, Education, and Welfare.

# 6

# 處遇工具與方案

## 安置

　　前庭、聽覺、說話及第二語言策略（第二至五章）用到的處遇工具列在表 6-1 中，讀者、老師或家長可能會問：「我的小孩應從何處開始學習？」表 6-2 嘗試著從四種聆聽層次的定義來回答這個問題，這四個聆聽層次是：語音的察覺、語音型態的辨識、選項式的辨識、以及開放式的辨識。例如，在語音察覺的層次，兒童無法察覺語音的輸入，尤其是視覺線索被減少時，他的說話表現包括發音控制不佳、音質不佳、說話不清晰，以及身體協調可能有問題。

　　合適的處遇工具會是前庭運動加上發聲、全身的動作、觸覺振動的語音輸入，以及韻律與語調的刺激。治療師會將目標母音設定為低到中頻率的範圍，例如 /u, o, a/ 等母音，以及 /m, b, p/ 等子音。加上發聲的前庭運動，會是照著老師的模式所做的直線式動作，例如腳跟接著腳尖走路，並且發出 /papapa/ 的聲音。圍成圓形做全身動作，可將時距與緊張度這兩項參數做一些強調。透過手腕上戴的振動器以振動觸覺將語音輸入，可讓兒童察覺並且感受到語音。這種口語刺激與動作幫助了兒童發展語音型態辨識的聆聽技巧（如表 6-2 所示）。

表 6-1 ▶ 以處遇策略為基礎的語調聽覺處遇工具

Ⅰ.一般
　　A.以語音的韻律與語調型態為基礎的聆聽與說話技巧
Ⅱ.前庭
　　A.身體動作：以參數及音素為本位
　　B.前庭運動：邊發聲邊做動作，發展粗大與精細的動作技巧
Ⅲ.聽覺
　　A.低到高頻率（音調性）範圍：母音、子音、字詞、句子
　　B.聽輔儀：耳機、音響過濾器、觸覺振動語音輸入器
　　C.距離及不利情境中的聽覺練習：未助聽、助聽器、電子耳蝸
Ⅳ.說話
　　A.以刺激反應派典進行錯誤分析及間接矯正
　　B.語音修飾：以參數及音素為本位
　　C.語音韻律：擴展前語言及單字詞的記憶型態
　　D.情境對話：先觀察，再互動，最後角色扮演

　　一旦兒童在減少視覺線索時還能辨識語音型態，並且能發出一些母音與子音，他就能在選項式的測驗模式中理解口語，例如在四個雙音節字詞「媽媽、寶寶、爸爸、抱抱」中進行語音區辨。一旦平均發音長度增加，兒童就能說出並且了解短的片語。

　　在開放式語音的辨識中，兒童必須以自然的協同構音方式與較高的語音清晰度發音。聽輔儀的音響過濾器被用來促進聆聽技巧，尤其是高音調字詞與句子的接收。在情境會話中，兒童扮演故事中的一個或多個角色，例如對話中的媽媽、寶寶及爸爸。戴著助聽器，或電子耳蝸與對側助聽器，在不同距離做練習，都能促進噪音中的語音辨識能力。例如在 15 英尺的距離且減低視覺線索下，仍有良好的開放式聆聽表現。當噪音與餘響逐漸增加時，仍舊能夠維持良好的得分。

表 6-2 ▶ 語調聽覺處遇工具的順序：以兒童目前聆聽表現為根基

| 兒童表現 | 語調聽覺處遇工具 |
|---|---|
| **語音察覺** | 發聲加前庭運動 |
| ・發聲控制不佳 | 全身運動：時距／暫停 |
| ・説話不清楚 | 語音的觸覺振動輸入 |
| | 低音調聲音 |
| | |
| **語音型態辨識** | 以參數為本位的身體動作 |
| ・能發出部分母音 | 語音韻律：前語言 |
| ・説話清晰度很差 | 低與中音調性的聲音及字詞 |
| | 語音修飾：以參數為基礎 |
| | |
| **選項式語音辨識** | 以音素為本位的身體動作 |
| ・能發出部分子音 | 以過濾器輸入語音 |
| ・中等的説話清晰度 | 中至高音調性的字詞及句子 |
| | 説話韻律：字詞 |
| | 情境對話：同儕互動 |
| | |
| **開放式語音辨識** | 以耳機聽取過濾的音響訊息 |
| ・能説出字詞、協同構音 | 高音調性的字詞與句子 |
| ・較佳的説話清晰度 | 不利情境／距離的聆聽練習 |
| | 錯誤分析與間接矯正 |
| | 情境對話：角色扮演 |

　　如同先前之陳述，「他」代表兒童，「她」代表語調聽覺治療師。本文中所有主要照顧者的名稱，為了簡化起見，統一以「母親」一詞代表。

# 嬰幼兒的處遇

## ·))) 介紹

　　語調聽覺法的嬰幼兒處遇，係遵照美國聽語學會嬰兒聽覺聯合委員會（ASHA Joint Committee Position on Infant Hearing，簡稱 JCIH）針對早期發現與介入方案所提出的原則與方針。JCIH 強調要早期介入，其目標包括早期聽覺篩檢、合宜的介入、擴大語言與溝通能力及識字能力、出生後三個月內評估、六個月前進行早期介入、並且在三歲前持續評估。

　　語調聽覺法的早期處遇採取委員會的下列方針：發展進程、直接學習、廣泛度與變通性，以及確認個別差異與環境成分。處遇方案係以家庭為本位，包括參與者來自不同的專業、尊重文化議題與提供家長選擇等。

## ·))) 早期聽覺偵測

　　早期聽覺篩檢方案應該是一種醫療—教育模式，成員包括兒童的小兒科醫師、耳鼻喉科醫師、家長及有執照的聽力師。聽力師負責早期鑑定，並且協調有效能的聽覺創建方案。醫師提供醫療權益證明單，以便聽力師能有效地運作。

　　因為超過 30 ％ 的聽力損失兒童伴隨著其他失能，所以兒童的診斷必須為全面性。某些兒童可能有前庭異常，Guberina（1972）、Asp 和 Guberina（1981）即指出，聽力損失程度與前庭異常兩者間呈正相關。換言之，當聽力損失程度（嚴重度）增加，前庭異常的發生率隨之提升。前庭異常也可能出現在純音聽閾正常的嬰兒（例如，語言表達有嚴重缺陷或聽覺中樞處理異常）。為了促進語調聽覺治療師有效的處遇方案規劃，這些兒童也應進行前庭評估，例如，將前庭運動加入創建方案。

其他可能造成聽力損失的失能或醫療問題，包括耳毒性藥物、遺傳及中耳感染（中耳炎）等。中耳感染可能會導致 30 dB HTL 或更大的傳導性聽力損失。除了上述測試外，在整個處遇方案中還要加上專業的醫療照護。

## •)) 以家庭為中心及治療師直接教學的語調聽覺方案

### 悲傷階段

當父母或主要照顧者第一次被告知子女聽覺受損的消息時，他們經歷否認、罪惡感與悲傷等壓力極大的過程。他們首次體認到子女的不完美，而且聽力損失是在他們的掌控之外。多數家長感到無助，難以接受子女的失能，完美嬰兒的夢破碎了。雖然母親通常是主要照顧者，父親與手足仍需參與以家庭為中心（family-centered）的方案。在罪惡感階段，所有家庭成員都需要被教育與引導，教育家庭是有效方案中的一個重要部分。

### 諮商

語調聽覺治療師和其他有證照的專業人員，提供所有參與的家庭成員普通教育的諮商。在這個傷痛過程中，治療師協助父母理解並且討論他們的感受。家庭諮商是個別式且／或小團體方式進行，家庭成員需要被保證自己並不孤單，所以有機會和其他也在處理相同情境的家庭互動通常會有幫助。祖父母及手足也扮演著重要的角色，因此在諮商階段也需要參與。主要照顧者需要專業人員及親愛家人的情緒支持，在沒有做臨床治療的期間，可透過 E-mail 提供家庭成員訊息。鼓勵家長上網搜尋更多訊息。

### 家庭的決策

在諮商之後，家長就開始探究鄰近地區可取得的各種介入選項與方案。他們在評估時，應思考兒童在各項方案會如何進展以及為兒童做不同年齡層的考量。家長根據各方提供的訊息，做出有關溝通模式的決策，以及何種方案最適

合其子女的需求。

如果父母親選擇了語調聽覺法，他們必須知道其子女的口語發展在一開始會較慢，一旦建立了韻律及語調的基礎，口語就會快速提升。

**媽媽寶寶法**

對於嬰兒而言，語調聽覺法所遵循的是一些很投入的媽媽所採用的自然技巧。這個技巧被稱作「母親語」或「媽媽寶寶法」（Guberina, 1972）。有情感的母親，她的天性使得她一面緊抱著嬰兒，一面唱歌或以母親語對著子女說話。母親語包括直接對著孩子說話，其特質是簡單、持續、冗贅、誇大的韻律與語調型態。當她親密地抱著孩子時，她的口語型態建立起親子間強烈的情感連結，並且促進子女發展出以聽覺為本位的口語。對於聽覺損傷的嬰兒，母親與嬰兒的身體近距離接觸，讓嬰兒透過母親上半身的共振感受到她的口語型態。這是語音觸覺振動輸入的基本形式，對於一開始還沒有聽過母親口語形式的嬰兒尤其重要。

## ·)) 嬰兒語音輸入

所有嬰兒都有好奇心，他們用感覺、嘴巴嚐、鼻子聞、眼睛看與耳朵聽等方式來探索環境。探索是從安全的環境開始，母親緊抱著他，嬰兒感受到母親的口語韻律（語音觸覺振動輸入）。嬰兒的好奇心被刺激，因此他發展出與母親及周遭親人溝通的欲望。當嬰兒被母親抱著靠近身體時，他感受到與母親之間的情感連結，這種情感的連結提供嬰兒探索其他情境的基礎。當嬰兒被緊抱時，他學會使用情緒的聲音來與母親互動。在發聲時的互動教導了嬰兒，他於是知道他可以操控環境來滿足自己的需求。

嬰兒與母親之間的情感連結提供了前語言會話的基礎，透過語音的振動觸覺輸入而得以建立，其技術性名稱是身體振動語音輸入（Vibra-Body speech input），也就是溝通連結的最初階段。

## ·))) 振動觸覺語音輸入的四個階段

語調聽覺法振動觸覺語音輸入的四個階段是（1）身體振動（Vibra-Body）；
（2）嬰兒床板振動（Vibra-Crib）；（3）音響板振動（Vibra-Board）；及（4）手
腕振動器振動（Vibra-Wrist）。

### 身體振動刺激

同前所述，當母親唱歌或以母親語和嬰兒說話時，她同時緊抱著嬰兒。嬰
兒透過身體感受到母親的說話振動，這是語調聽覺法最適當學習情境的例子。
為了讓刺激最大化，母親會在她的語言型態中用到豐富的情緒來幫助嬰兒感受
她的語音韻律，這些情緒導致語調類型的變化。嬰兒與母親緊密的身體連結是
自然的本能，出現在餵奶、洗澡與社交等情境，其名稱是身體振動刺激。這對
於嬰兒自然且有效，他們會在這個安全環境之下做出前語言的發聲。這些經驗
強化了嬰兒用說話與其他人溝通與互動的欲望。由於母親不能總是抱著嬰兒，
因此使用其他的觸覺振動語音輸入就有必要。

### 嬰兒床板振動刺激

當嬰兒躺著或坐在嬰兒床板上時，母親運用語調聽覺策略，透過連接在聽
輔儀的麥克風說話來增進母親語的輸入。麥克風接收到母親的口語型態，放大
後，傳給連接在嬰兒床板的觸覺語音振動器。嬰兒床的床墊被移開，讓嬰兒直
接感受到振動，當嬰兒躺著或坐在板子上面時，整個嬰兒床板都在振動。因為
嬰兒身體大部分的面積都與振動中的嬰兒床板接觸，所以被認為是最適當的學
習情境。母親說話的聲音經過振動床板的傳送，其效果就彷彿母親抱緊嬰兒貼
著自己的身體一樣，嬰兒變得對身體刺激很敏銳，因此嬰兒床板振動形同是嬰
兒感受到母親口語型態的另一種安全學習環境的選項。嬰兒床板振動刺激一開
始是在中心進行，治療師為母親示範如何拿著麥克風來增進口語的型態。嬰兒
舒適地坐在或躺在嬰兒床板上，家長依據示範透過麥克風說話，輕輕地讓嬰兒

床板振動。嬰兒學會了去期待母親的說話聲，她的口語型態帶來愉快的感受。由於麥克風有很長的連接線，母親可站在 3 英尺距離外，或是把距離增加到 20 英尺。兩種距離都可讓嬰兒學習到運用發聲來溝通，因為這兩種距離都能感受到母親的語音，都是安全的口語型態。

### 音響板振動刺激

下一個階段是音響板被運用在年齡較大的嬰幼兒，音響板與嬰兒床板刺激相同，不同的是音響板是個有短短桌腳的小木桌，桌面下有三個振動器。如前所述，麥克風接收到母親的說話聲，連接到聽輔儀，聲音被放大後，傳送到音響板。音響板是可攜帶式，可以在中心或家中使用。通常母親先用中心的音響板做訓練，之後在家中使用音響板。

音響板很堅實，適用於各種體型的兒童。剛開始，幼兒可能會想要穿著鞋子站在上面，但是他會漸漸覺得穿著襪子站著也很舒服。同前所述，音響板將母親的口語型態放大，並且創造了最適當的學習環境。

接著，當兒童在音響板上時，語調聽覺治療師把小玩具擺在語音振動器上，用這樣的方式來介紹振動器。當治療師、父母或兒童發聲時，玩具就會因為語音振動而彈跳，引發兒童的好奇心，他會想去抓住振動器。之後將音響板的開關關掉，讓兒童只能從手中的振動器去感覺口語型態。

### 手腕振動器刺激

一旦嬰幼兒能習以為常地用手握住振動器，就可以將振動器綁在手腕上，像戴著手錶一樣。如果可能，第二個振動器可以綁在腳上，讓他能透過手腕及腳感受到語音型態。幼兒可一面坐著、站著或走著，一面接收從振動器傳來的母親口語型態。這時候，兒童可以完全與母親分開，但持續從母親的說話聲感受到安全性。

以上四個觸覺振動階段可以彼此組合。例如，母親抱著嬰兒靠著自己的身體，並且以母親語對著嬰兒說話的做法可以在其他情境之前與之後做，當情境被修飾時，會讓嬰兒有安全感。

這些階段很重要，可協助嬰幼兒透過語音型態去接收本體覺的回饋作用，同時協助嬰幼兒去擴展本體記憶，並且也發展出良好的音質，而良好的音質對於發展良好的說話清晰度是很必要的。

有些學者認為部分兒童有所謂的觸覺防禦，這種防禦有的只是不允許有觸覺輸入，有的則是完全不能讓別人碰觸自己。的確，有些嬰兒一開始是很謹慎的樣子，但是如果採取一種安全的漸進方式，他們最終都會接受先讓母親抱著他們，去感受振動語音的輸入，之後再移轉成他們自己去感受。本書作者沒有看過最終不能成功轉換的兒童，當然這並不包括被診斷為重度自閉症的兒童。

## ·))) 聽覺刺激所使用的耳機

嬰幼兒的語音觸覺輸入一旦被建立，接下來就要用到雙耳耳機。就如同語音振動器，雙耳耳機也會提供擴音的口語型態給兒童。嬰幼兒以觸覺振動方式感受到的口語型態，會幫助他們以雙耳耳機去聆聽這相同的口語型態，即使他們的聽力損失是重度到極重度。這種同時以觸覺與聽覺去接收語音輸入的情境被認為是最適當的學習環境。先具備以雙耳耳機聆聽語音的經驗，之後才配置雙耳助聽器或單耳植入電子耳蝸，是非常重要的事情。因為這種在擴音前的訓練會延展低頻擴音，幫助兒童接收低頻率，而低頻率對於說話韻律與語調的接收十分重要。透過這個過程，幫助兒童平順地轉銜到新的雙側或單側擴音系統，韻律及語調接收的發展可協助他適應新的系統。現在的他可以聽取韻律及語調型態，而這些是他接收口語中各種音素的基礎。

## ·)) 語調聽覺嬰幼兒刺激

### 模仿策略的力量

　　幼兒有模仿成人行為的強烈欲望，尤其是模仿他們的父母。語調聽覺的策略運用這種欲望讓嬰幼兒模仿治療師與父母的口語輸入，例如，治療師提供了一個多對一的語音韻律，如 /mamamama（停頓）maaa/，嬰幼兒就會以類似但略有差異的語音型態做反應。治療師以七個語音參數分析嬰幼兒的反應，根據這個結果，她修正下一個將要示範的語音，以獲得更好的反應。之後，當兒童在同樣的情境中，他會對治療師的語音示範做出反應，而不單只是模仿。例如，模仿的示範是：「媽媽在哪裡？」嬰幼兒會回答「媽媽在那裡」。幼兒從原本的模仿變成回答式的反應，以這樣的方式發展了正常會話的技巧。

### 語音參數的身體動作

　　一開始，語調聽覺治療師配合著她示範的語音，以韻律方式移動嬰幼兒的腳或手臂。例如，將嬰幼兒的手臂或腳快速以多對一的韻律方式移動，之後停止手臂或腳的動作，最後再慢慢地動一次，以之對應單音節反應。治療師使用七個語音參數來引導自己選擇合適的示範語音，以之刺激幼兒。例如，先是強調不同的語音時距，去對比音節的快慢。之後，強調隨著情緒而變化的語調，以增加兒童語調型態的範圍。身體動作會幫助幼兒去感受同時來自身體的本體回饋與語音的動作，藉之可促進幼兒發展本體記憶型態，而這些型態與幼兒發展聽覺本位記憶型態直接相關。

　　身體動作也會促進嬰幼兒發展「輪流」的概念。動作暫停與語音示範幫助幼兒學習到反應的適當時機，而停頓則建立幼兒的反應模式。輪流即是治療師提供語音示範，而幼兒則予以回應。

　　因為傳統的研究文獻指出有些嬰幼兒在九個月大時停止發聲，所以治療師提供這些嬰幼兒語音回饋的架構。這個回饋讓嬰幼兒能持續發聲，透過全身動作、語音示範，以及聽輔儀的振動器與雙耳耳機來達成。回饋型態及記憶是幼

兒發展正常韻律、語調及音質的關鍵。

## 正常的音質

　　語調聽覺治療師運用緊張度參數，來改變嬰幼兒在反應時的肌肉緊張度。這些緊張度的變化，讓幼兒學習到將構音器官移動到極端的位置，例如，他學會將構音器官從低母音 /a/ 移動到高母音 /i/。母音 /i/ 是高音調性的母音，兒童的舌位需要達到口腔頂部才能正確發音。並且，肌肉緊張度的改變幫助兒童從低且放鬆的語調，轉銜到高且緊張的語調型態，如此寬廣且迅速變化的緊張度，可從振動器去感受。這種回饋幫助嬰幼兒發展出正常的音質，而這是正常說話清晰度所必需，其他人也才會認為這些兒童有正常的語音型態。

## 有意義的語音刺激

　　唯有當語調聽覺治療師給的刺激語音有意義，並且是在安全的環境中呈現，嬰幼兒才會持續以輪流方式發出語音，這也是為什麼語音示範要伴隨愉快的感受，以及有意義的玩具。例如，以玩具搭配示範的語音，當治療師在教多對一的韻律型態時，一面口說，一面也移動玩具。為了維持兒童的興趣，玩具需要定期改變，並且要與示範的語音吻合。

　　語音韻律型態需要重複很多次，兒童才能夠有安全感，也才有足夠的時間內化語音韻律。下個段落將陳述如何運用情境教學教導幼兒發展有意義的語音對話。

## •)) 情境教學的五個階段

## 介紹

　　情境教學的目標是提供真實與想像的對話，讓具有好奇心的兒童能感到興趣。這些情境是有視覺線索的簡短故事，對話都是日常生活常用的口語，如此的情境對於幼兒是有意義的。情境的主角都是真實的，例如媽媽、爸爸、寶寶

與狗狗等。主角可以用費雪牌玩具呈現，因為每個玩具都有其專屬的特定角色。一開始，治療師只使用一個母音來表達很豐富的情緒，或者是在前語音（prespeech）模式使用短音節，之後再加入短詞，例如媽媽、爸爸、寶寶等。

治療師將嬰幼兒注意力引到短篇故事的對話中，對話從簡單的口語開始，例如，「嗨，媽媽」，之後再逐漸進展到比較複雜的句子，例如，「媽媽去超市」。治療師以兒童家居環境中用到的一般口語來吸引他對於情境故事的注意力。慢慢的，幼兒開始互動，更重要的是，他記住了角色的口頭對話。

治療師是在最適當的學習情境中進行活動，她透過音響板或手腕振動器提供語音輸入。幼兒感受到治療師的韻律與語調型態，以及自己在情境中的口語反應。可以的話，語音振動器之外也要盡快在兩耳戴上耳機，幫助他感覺到與聽到所有角色的語音型態。

情境教學的五個階段是個漸進的過程，從簡單的口頭對話進展到較複雜的口語互動。治療師有技巧地運用適合於幼兒發展年齡的簡單、選項式的片語，例如：「媽媽在哪裡？」或「嗨！狗狗」。對於一位生理年齡四歲但語言發展年齡只有兩歲的幼兒而言，治療師使用的語言必須適合兩歲的程度。

## 階段一：治療師直接教學（Clinician-Directed）

語調聽覺治療師（就像演員）運用她自發性的情緒，把有意義的短篇故事表演出來。例如：「嗨！媽媽，爸爸在哪裡？嗨！狗狗，我們去走一走，走一走一走」。說話時，同時拿著玩具配合著做動作。治療師用各式各樣的情緒使故事有意義，例如，驚喜、高興等，透過口語情緒結合適當的肢體語言，讓情緒更有意義。

在階段一裡，嬰幼兒只需就近觀察，並且對玩具主角所做的與所說的發展出興趣。儘管這個階段是治療師（或母親）引導，其目標是讓兒童參與對話，一旦他開始參與就進入階段二。

## 階段二：兒童參與（Child Participates）

治療師鼓勵幼兒成為故事中的一個角色。無論兒童如何扮演玩具角色，也不管他如何與其他玩具角色互動，治療師都要能接受，例如，兒童模仿小狗走路或跑步，說出 /babababaaa/ 的語音韻律，治療師移動兒童握著玩具狗的手，搭配著他的語音型態做出相同的韻律。兒童從手臂運動與說出的口語同時接收到觸覺與本體回饋，因為發聲型態是同時出現，所以本體覺對發聲型態的記憶被加深。

## 階段三：給予兒童更多的責任（Child Assumes More Responsibility）

治療師提升她對幼兒的期待，並且用她修飾過的刺激來提升幼兒的口語反應。一開始，幼兒只模仿治療師所說的話。之後，幼兒會加上自己的話，例如：當狗狗跌倒時，發出很驚訝的反應「噢噢！」階段三的短篇故事變得更加複雜，兒童在口語對話中有更多的責任，例如，他可能會在同一個故事中扮演二到三個角色。

## 階段四：兒童變得更有創意（Child Becomes More Creative）

幼兒開始在對話中加入新的口語，使短篇故事更豐富。他從模仿式的反應進展到創造口語、在互動中增加細節及個人知識。創造表示他已經精熟並且記住短篇故事中的全部對白，現在他要以其他片語擴展這個故事，例如「寶寶說 /babababa/」或者「寶寶在哪裡？」或者「寶寶在這裡」。

## 階段五：兒童做故事角色扮演（Child Role-Plays the Story）

在沒有治療師的提示下，兒童扮演一個或多個角色。在這個階段中，一或兩個幼兒可輪流扮演故事裡的角色，他們可不斷的練習短篇故事的情節，直到他們精熟所有的口頭對白。之後，他們可以為家人或其他有興趣的治療師做表演。

階段五可以持續到兒童年齡較大且有更多進階的對話時。最近在克羅埃西

亞蘿格柏舉辦的國際語調聽覺法研討會中，有一場高水準的話劇表演。接受語調聽覺法的學齡兒童以正式的舞台劇方式演出歌劇《仲夏夜之夢》（*Mid-Summer Night's Dream*）。這些兒童使用英語、法語及克羅埃西亞語，展示他們對這三種語言的精熟，他們為了演好他們的角色練習了好幾個月。最後一個階段的口語複雜度、故事長度及角色數目都沒有限制。因為兒童像演員一樣地做角色扮演，所以他們得到了擴展語言技巧的機會。

## •᚛) 轉銜至學校本位的方案

對於語調聽覺的嬰幼兒，家庭本位的方案使用耳機及觸覺振動語音刺激幫助他，讓他能透過聽覺方式接收說話的韻律及語調型態，而這些語音型態與兒童對音素的接收也有連結。換言之，每個語音都透過超語段習得。

語調聽覺治療師在州政府經費補助下，成立了學校本位的語調聽覺方案，提供三歲以上兒童免費的教育。治療師以書面訊息教導兒童的家庭，並且邀父母參觀學校本位的方案。當兒童的個別化教育計畫發展好時，家長及所有專業人員共同決定兒童應安置在普通班（回歸主流班級）、或自足班但部分時間到普通班等。治療師協助兒童及其家長流暢的轉銜。

## 學齡兒童的處遇

## •᚛) 介紹

語調聽覺法在美國的發展是從 1964 年田納西大學語調聽覺實驗室開始，至今已超過半世紀。這些年來，有一個小型（6 萬名兒童）與一個大型公立（50 萬名兒童）學校系統實施這個方法，即諾克斯郡立學校（1975 年至今）與邁阿密戴德公立學校（1984 年至今）。這兩個學校系統都有全天制的學前班，對象是三歲以上在聆聽與口語溝通技巧有落後現象的兒童。語調聽覺教室提供

兒童以聽覺為本位的溝通基礎，讓他們得以在幼兒園或小學階段成功地回歸主流。學生回歸主流後，後續仍進行各學齡階段的處遇，包括高中階段。

諾克斯郡立學校與邁阿密戴德公立學校各有超過 80％的兒童回歸主流，並且不需要做太多調整。多數學生都能從高中畢業，並且許多學生繼續升學拿到大學學位。簡言之，這些學生能成功完成普通學校的課程，也為他們在學術及／或工作環境做好競爭的準備。

語調聽覺法的成功是來自訓練有素的治療師，他們有技巧地運用策略。語調聽覺治療師運用錯誤分析及處遇工具，透過聽輔儀，在兒童合宜的發展階段中為他們做矯正。這些儀器為每個兒童提供了最適當的聆聽情境，將他們的口語與聆聽技巧最大化。最適當的學習情境是一個寬頻的反應，包括透過語音振動器及雙耳耳機延伸到低頻；一些研究指出兒童比成年人需要更寬的頻帶。聽力損失的孩童在離校後持續使用他們的雙耳助聽器，或者單耳植入的電子耳蝸。以下將談到這些策略如何成功地在公立學校的結構與課程中被執行，並且也舉例說明語調聽覺策略是如何地有效。

## •))) 學校組織架構

### 學校行政體系的責任

公立學校系統負有教育學區內所有兒童的責任，教師與學校績效的主要判斷依據是兒童的閱讀能力或者學業成就是否在該年段的平均表現以上。兒童的學業成功與否會影響到州及地方政府的經費補助，因此，關注的重點是學業而不是社交技巧。

學校系統有責任提供失能學生最少限制的環境，並且要盡可能提供更多接受普通班課程的管道。多專業團隊與失能兒童的家長見面，並且確認個別化教育計畫（IEP）的適合性。這個計畫包括程序、長期目標及短期目標，如果適當，語調聽覺策略也會是 IEP 的一部分。

## 家長協助

家長或主要照顧者也是策略的一部分,他們負責子女的出席,也被鼓勵參與學校活動以及親師會。家長在兒童的教育中被認為扮演著活躍且主動的角色,如果可以,語調聽覺策略要將家長納入子女的教育方案中,因為唯有他們參與,日常生活的溝通以及後續在家中練習溝通技巧才有可能。

## 為學校本位方案做準備

前面提到,在中心運作的有效嬰幼兒教育方案,為兒童與父母親順利轉銜至學校本位方案做好了準備。這個方案一開始,是由學校派代表參與個別化家庭服務計畫(Individual Family Service Plan,簡稱 IFSP),而學校系統召開 IEP 會議時,中心方案的管理者也來參與,提供諮詢。中心方案與學校系統這種合作式的溝通,讓兒童進入學校後的適應得到最佳的效果。

一些先前沒有註冊參與中心方案的嬰幼兒,他們進到學校本位的方案時,欠缺基本溝通與行為訓練。另有一些個案,兒童從中心方案轉銜到學校本位方案,而中心方案與學校方案互相競爭。這種競爭通常會讓父母產生困惑,因為中心方案設定的目標與州政府學校方案所設的目標有差異。當這種不適配產生時,對兒童的發展會產生影響,如果有這種困惑,應該透過學校的 IEP 會議解決。

無論兒童的情況如何,學校系統負有選擇多專業團隊(M-TEAM)的責任。多專業團隊為每個兒童發展 IEP 的長短期目標。在 IEP 會議前,兒童要接受下列六大領域的評估:(1)溝通;(2)自理;(3)職前;(4)學業前準備;(5)動作(粗大與精細動作);與(6)社交技巧。兒童的失能必須影響上述一項或更多項的技巧,他才合乎接受特殊教育服務的資格。來自嬰幼兒中心方案的詳細訊息有助於發展一份有效的 IEP。

## 紀律

語調聽覺策略是在友善與關愛的氣氛中實施的強而有效的政策。這個政策

很容易在多數學校系統實施，因為基於零容忍紀律政策（zero-tolerance disciplinary policy），所有的學生，包括溝通異常者，都要清楚知道學校對他的期待，以及哪些行為可被接受，哪些行為不被容忍。在友善的氣氛中執行嚴格的管教策略，會得到最有效的結果。治療師建立行為控制、提升團隊精神，並且確保每個兒童都感到舒適且被接納；治療師也協助父母以同樣的方式在家中做行為管理。良好的教室常規也要在家庭中運用，才能夠將兒童的學習潛能做最大的發展。

## •)) 處遇工具

### 語調聽覺策略

語調聽覺策略係以教導有效的聆聽技巧為根基，以之發展良好的音質與清晰語音。一開始，幼兒模仿治療師的口語刺激與口語示範，用的是一些前語言的韻律及語調型態。兒童一步步進展到字詞、片語及句子。治療師總是在有意義的脈絡中做口語刺激，因此兒童的反應也有其意義。之後，兒童掌握了聆聽技巧，因此得以自我矯正錯誤的語音。

### 兒童的處遇

以下是語調聽覺處遇的工具：刺激反應派典、語音參數、語音修飾、觸覺振動的語音輸入、雙耳耳機的輸入、過濾的語音、前庭運動、身體動作、語音韻律、記憶廣度、音調性進程、音調性文字、情境教學、錯誤分析、教導式學習／偶發的學習，以及從聽輔儀轉銜至個人助聽器，本書前面的章節已討論了這些處遇工具。治療師使用這些工具進行錯誤分析及修飾語音，矯正兒童的錯誤反應與聆聽技巧，治療師的目標是為每個兒童創造最適當的聆聽情境。一旦兒童在聆聽與口語技巧方面具備能力，他就會有正常的發展進程。就如同聽覺正常的兒童，這些聆聽口語技巧是普通班學業成功的基礎，而這也是語調聽覺策略的基本假設。

## •))) 聽輔儀

### 語調聽覺策略

　　語調聽覺策略包括持續的使用寬頻延展低頻率反應。當兒童有了成功的經驗，在學校上課時就會全天都戴著聽輔儀的雙耳耳機與觸覺振動器，成功使他發展出聽覺自信。放學後，兒童用個人的雙耳助聽器；單側植入電子耳蝸者，使用觸覺振動器並在對側耳戴上單耳耳機。每天在安靜環境中，以雙耳持續聆聽寬頻語音訊號，對於發展兒童的聆聽技巧可說是非常關鍵。

### 最舒適音量

　　治療師以兒童的純音聽閾平均值（PTA）（例如 60 dB HL）及語音接收閾（SRT）（如 65 dB HL）來推估聽輔儀的耳機適當音量。治療師以上升與下降方式調整五個音量控制鍵，找出兒童兩耳個別的 SRT，透過兒童模仿治療師所說的內容，例如 /mama/。兒童的最舒適音量（MCL）被設定在比 SRT 高的音量。接下來，要以音量測定計測量老師說話時輸入耳機的音壓數值（sound pressure level，簡稱 SPL），將音量測定計的塞入式麥克風先後置入左右兩個耳機。治療師說話的 SPL，要與根據兒童 PTA、SRT 所做的估計值一致。當兒童逐漸成為一個良好的聆聽者，他就可以自行設定 MCL，並且那時候不需要太大的擴音就可以達到相同的響度。音量測定計持續地被用來驗證兒童聆聽的音量是否適當，這樣做可以去除過度擴音的可能性。

### 同一個教室內不同的聽取音量

　　如前所述，在兒童左右兩耳的耳機設定合適的 MCL，對於發展良好的聆聽技巧十分關鍵。例如，一個極重度聽力損失的兒童與一個純音聽閾正常的兒童，各自有獨特的 MCL 數值。聽輔儀的音量是根據每個兒童個別調整，以提供合適的響度，說話不清晰並且聆聽技巧不佳的聽力正常兒童也會接受這種訓練。為每個兒童個別做音量設定，可以讓不同需求的孩子在同一個教室上課。

例如，要讓一個重度聽覺損傷者覺得音量舒適，必須將治療師的語音輸入設定在 105 dB SPL，但是聽力正常兒童則是要設定在 65 dB SPL（有 40 dB 的差異）。結果是，這兩個兒童都可以以 MCL 聽取治療師的聲音。

## 寬頻

聽輔儀第一型的寬頻（2-20000 Hz）被用來將雙耳的語音輸入放大到最大的程度，以之刺激大腦。兒童同時感覺到（語音振動）與聽到（雙耳耳機）治療師的語音輸入。寬頻的音量被設定在兒童的 MCL，低頻區域被刺激並且最先被發展，這個區域最適於接收語音的韻律和語調。此外，加入低通過濾器增進兒童對語音韻律的感受。語音韻律促進了兒童的本體覺與聽覺記憶的發展。做完一些低通刺激後，教師將設定切換到寬頻情境，兒童因此能夠將已學習到的內容正向學習移轉到寬頻的刺激。

## 感受動作與聆聽語音

因為每個兒童都能感受到治療師以觸覺振動語音輸入方式傳來的韻律及語調型態，所以治療師的聲音可幫助建立並維持她與每個兒童的情緒連結。韻律的感受是兒童以雙耳耳機去發展聆聽技巧的基礎，到了進階階段，聽覺接收成為兒童接收口語的主要管道。治療師遮住臉部以減低視覺線索並且促進聆聽的反應。

觸覺振動的語音回饋也很重要，因為可幫助兒童感覺並控制其口語型態，這種回饋對於建立良好的音質，提升說話清晰度，並且增進他因為聽力正常同儕接納他而產生的自我感受。

## 改變頻譜使聆聽技巧精緻化

聽輔儀第二型可精緻化兒童的聆聽技巧。第二型儀器有五個頻道，被用來創造兒童最適當的頻率反應（OFR），運用在矯正或一般的聆聽技巧。例如，6000 Hz 的高通過濾器，加上低通過濾器，可以矯正接收的錯誤（例如 see 聽

成 tea），高通過濾器幫助兒童清楚地聽到 see 中的目標音 /s/，而錯誤音 /t/ 的接收被消除。這個例子中，語音的低頻率攜帶著韻律和語調型態，讓兒童對語音的高頻率更敏銳。音響過濾器用在個別兒童，或是有相似接收問題的小團體。語調聽覺策略的設計是藉由過濾器，讓每個兒童在教室及個別處遇中，將他的聆聽技巧精緻化。

## 將不利的聆聽最適當化

一旦兒童在最適當的情境發展出穩定的聆聽技巧，聽輔儀就可以模擬不利的聽覺情境，替兒童為回歸嘈雜教室先做好準備（例如：+5 dB S/N 再加上餘響）。例如，若將治療師的聲音在儀器上設定成延後 0.8 秒（相當於 0.8 秒的餘響），此設定最初對兒童的聽取會有困難。治療師運用錯誤分析及矯正，逐步地，兒童在最適當的（0 秒）與不利的餘響情境（0.8 秒）都能成功地接收訊息，這表示兒童最適當的情境已擴展到 0 秒及 0.8 秒的餘響時間（RT）。接著要增加噪音，將多人說話的噪音以 +5 dB S/N 呈現。隨著練習的進展，兒童在 +5 dB S/N 情境也可以聽到治療師的語音，最後，把餘響與噪音情境合併起來。這種在不利情境的聆聽練習幫助兒童做好準備，就可以在嘈雜的教室或演講廳成功聽取訊息。

## 前庭訓練：平衡與空間知覺

先前提到諾克斯郡立學校系統將前庭訓練方案（SMART 課程）（Palmer, 1999）用在幼兒園中所有的聽力正常幼兒。每天都做前庭訓練，以之發展兒童的粗大與精細動作，這會幫助兒童做好學業準備並發展其閱讀技巧。

語調聽覺策略也將 SMART 課程運用在溝通異常的兒童，這些前庭訓練幫助兒童藉著身體動作與語音韻律去做好接收語音刺激的準備。將身體動作與發聲做結合，可讓神經可塑性及本體記憶有最好的發展，有助於兒童以較快的速度學習，並且趕上發展正常的兒童。SMART 課程（Palmer, 1999）的練習包括地上爬行、匍匐前進、沿著軌跡走、擺盪雙臂、雙腳交叉走步、雙腳原地開合

跳並且雙手向上拍掌與跳彈簧墊等。大肌肉運動後，接下來進行的是坐在桌前的小肌肉運動。每天練習 20 分鐘，在前庭練習做完後，才做身體動作、語音韻律及桌邊活動。治療師根據兒童的動作技巧，適度調整前庭練習與身體動作；這些練習到了學齡階段都還繼續做。

## •))) 聽與說的參數

### 刺激反應、分析與矯正

先前提到，治療師分析兒童所模仿的語音（反應），並且用分析的結果來修飾她下一個要示範的語音。她的語音修飾會特別強調一個或一個以上的參數，以之提供兒童最適當的學習情境。在開始階段中，兒童模仿治療師先前的與接著的語音示範。當兒童能成功地模仿這個示範的語音時，就達到了最適當的學習情境，至於語音參數則是分析與矯正的工具。

指示兒童模仿他聽到的內容而不要猜，這會有助於治療師分析兒童所接收到的訊息。指出或以姿勢做反應都不被允許，因為這屬於被動式的聆聽。模仿治療師的身體動作與語音示範會幫助兒童統整他自己的語音型態。

治療師使用的語音刺激，先是採用前語言，之後才進展到語詞。表 6-3 列出七個參數（C. Davis, personal communication, 2005），表中提供了一個、兩個與三個音節的韻律型態。以下簡短討論各個參數如何被運用在語音輸入中。

### 語音參數

**韻律（rhythm）** 隨著治療師溫和的指導，兒童一開始是自發地喃喃說出一些音節，之後當他接收到治療師的語音輸入，會說出多音節、停頓，以及一個控制的音節，例如 /mamama（停頓）ma/。一旦精熟了單音節，單音節的語音韻律就會被內化。通常兒童能配合著用動作表達出相同的基本韻律，他的口語韻律和他的身體動作技巧的發展互相平行。

當兒童繼續進展，他可以說出兩個音節，包括三種時距型態：揚抑格（長

短型態）、揚揚格（長長型態）與抑揚格（短長型態）。多數兒童能從控制一個音節進展到揚抑格型態（例如，baby、mommy、daddy 等）。一旦這些韻律型態被內化到兒童的本體覺與聽覺記憶，他的語音就會更清晰。

**語調（intonatoin）** 治療師一開始先是建立起兒童愉快的發聲方式。假如兒童身體的緊張度太高或太低，他說出的聲音也會過高或過低。身體肌肉的緊張度與口語的緊張度（即音高）有關。當兒童藉著身體緊張度的改變來模仿治療師的身體動作，他同時也會感受到語調的改變，並且會經歷到合適的音高。治療師的口語型態要和兒童手腕上戴的觸覺振動語音輸入配對，兒童才能夠感受到治療師聲音中不同類型的情感。

治療師的語調型態不但有寬廣的情緒變化，並且對兒童有意義。例如，一面說 /u/，一面做出嫌惡的表情，這是表示不想要或者是必須避開，在兒童前語言的口語中是有意義的。治療師改變她的身體語言並且在有意義的脈絡中呈現，訊息就會清楚地被傳遞。在日常生活中，身體語言有助於兒童將前語言型態的語用予以內化。

**緊張度（tension）** 治療師在身體動作及口語型態中，透過肌肉緊張度的增加或減少來達成緊張度的改變。這些緊張度的改變幫助兒童對自己的發聲經歷到本體回饋，例如，為了增加身體肌肉的緊張度，治療師一面用力向上甩動手臂，一面說出音調上揚的母音（例如 /a/）。兒童在模仿語音的同時也模仿動作，有助於他感覺到語調的改變。

每個音素各有其特定的肌肉緊張度，例如 /i/ 比 /a/ 緊張，此外，子音 /m/ 的緊張度比 /p/ 大。即使子音單獨存在，其緊張度也有特定的類別知覺（categorical perception），在協同構音中，緊張度會增加或減低，這個音素的音質在不同的緊張度就有所不同。例如，/a/ 是最不緊張的母音，當緊張度增加或減少到某個程度，聽起來還是 /a/，只是音質有些改變。當緊張度產生過大的變化，在知覺上就會成為不同的母音。就子音來看，若緊張度過高，會迫使兒童在知覺上將原本較不緊張的 /m/ 聽成緊張的 /b/。相反的，當肌肉緊張

度減少時，緊張的 /m/ 就可能聽成較不緊張的 /m/。對於音素的類別知覺與超語段知覺，緊張度參數都是一項有效的處遇工具。

**停頓（pause）** 治療師常使用停頓做為語音韻律的有效處遇工具。例如，「多對一」的基本語音韻律中，在控制的音節之前有一個伴隨著緊張度的停頓。兒童一面發聲，一面走走停停，這種基本技巧可發展兒童「多對一」的語音韻律，當兒童的發聲與動作都是同一個韻律，這種同時進行的發聲與動作可增進兒童的本體記憶。

**音調（pitch）** 治療師先從低音調性與音節開始，發展兒童對低頻率區域（例如 /u, a, b, m/）的接收能力。一旦建立低頻區域，治療師再移轉到中音調性區域（例如 /t, d, k, g/）。音素與音節的音調性發展次序與聽力正常兒童的語音發展一樣。音調性區域是以兒童的聽覺接收為基礎，被用來做為教導兒童說話清晰度與聆聽技巧的有效工具。

**響度（loudness）** 治療師改變她口語的響度，讓兒童產生大小聲不等的音量感受。之後兒童模仿治療師的響度，並且用身體動作變化來改變自己音量的大小，這些改變協助兒童發展自我控制大小聲的本體回饋。治療師教導兒童如何自我控制音量及如何維持一致的音量，因此兒童可以在不同情境以令人愉悅的音量說話。

**時距（duration）與節奏（tempo）** 治療師配合著身體動作的節奏，將語音節奏從慢（每秒兩個音節），變化到正常（每秒五個音節），再到快速（每秒八個音節）。兒童模仿治療師的動作及發聲，並且使用相同的語音節奏，這會幫助兒童運用不同的語音節奏。一開始，治療師先使用慢的節奏，這是當時最適當的情境，因為兒童需要較多的時間接收與說出語音型態。稍後，就可以進展到較快的口語節奏加上身體動作，將兒童的能力擴展到較快的節奏。這兩個例子都是最適當的學習情境；第二個情境也是最適當的情境，因為兒童的能力已擴展到每秒八個音節。

表 6-3 ▶ 處遇工具：發展年齡階段 I、II、與 III*

| 工具 | I：1到2歲（發展年齡） | II：2到4歲（發展年齡） | III：4到5歲（發展年齡） |
|---|---|---|---|
| 1. 參數：分析 | ·語音察覺 | ·2到6個音節 | ·7到12個音節，伴隨停頓 |
| (1) 韻律 | ·開/關 | ·時間的快/慢 | |
| (2) 語調 | ·多/一（停頓） | | |
| (3) 停頓 | ·快/慢 | | |
| (4) 時長 | ·長/短 | | |
| (5) 緊張度 | ·大/小 | | |
| (6) 音調 | ·緊張/較不緊張 | | |
| (7) 響度 | | | |
| 2. 語音修飾 | ·透過遊戲單獨刺激 | ·直接矯正、韻律 | ·直接矯正音素 |
| | ·矯正韻律 | ·刺激音素 | ·較少的情緒 |
| | ·範圍寬廣的情緒 | ·評估 | |
| 3. 觸覺振動輸入 | ·音響板/手腕振動器 | ·手腕振動器 | |
| 4. 耳機輸入 | ·耳機 | ·耳機 | ·耳機 |
| ·過濾器或寬頻 | ·聽輔儀第一型 | ·聽輔儀第一型與第二型中的過濾器 | ·過濾器 |
| | | | ·聽輔儀第一型與第二型 |
| 5. 前庭運動 | ·爬行/旋轉 | ·平衡 | ·精細動作 |
| 6. 身體動作 | ·身體動作 | | |
| ·參數本位 | ·停止與開始 | ·參數矯正 | |
| ·音素本位 | ·空間接收/跳/走 | ·音素矯正 | ·音素矯正 |

| 工具 | I：1到2歲（發展年齡） | II：2到4歲（發展年齡） | III：4到5歲（發展年齡） |
|---|---|---|---|
| 7. 語音韻律<br>· 音節<br>· 字詞<br>· 片語 | · ah, boo, bah, boo, boo, boo, bah<br>　apple apple yum yum apple<br>· apple I want one! | · Oh boy, I'm happy I have a tree<br>· Wow...many toys<br>　maybe...one's for me! | · Funny little bushy tail lives in<br>　a tree<br>· Funny little bushy tail<br>　Will you play with me? |
| 8. 記憶廣度<br>· 本體覺<br>· 聽覺 | · 開始多對一<br>· open the door（3個音節） | 5到7個音節 | 10到16個音節 |
| 9. 音調性<br>· 母音<br>· 子音<br>· 字詞<br>· 片語 | 低音調性<br>母音：/u, o, a/<br>子音：/p, b, m, n, w/<br>mam、baby、apple<br>mama up | 低及中音調性<br>母音：/o, a, u/<br>子音：/t, d, k, g, l/<br>daddy、car、touch<br>don't touch | 低、中、高音調性<br>母音：/e, ɪ/<br>子音：/s, sh, z, c, h/<br>sunny、cheese、zipper<br>it's a sunny day outside |
| 10. 情境教學 | · 教師直接教學<br>· 辨識（identification） | · 兒童參與<br>· 有限的表達 | · 兒童進行角色扮演<br>· 兒童使用自發性的片語與想像 |
| 11. 教導—隨機學習<br>· 教導<br>· 隨機學習 | · 教導—95%<br>· 隨機學習—5% | · 教導—80%<br>· 隨機學習—20% | · 教導—50%<br>· 隨機學習—50% |
| 12. 聽輔儀：轉銜<br>· 助聽器<br>· 電子耳蝸<br>· 噪音／餘響 | · 助聽器選配前<br>· 電子耳蝸植入前 | · 寬頻助聽器<br>· 在教室使用電子耳蝸，併用耳機<br>　／振動器 | · 助聽器的反應類似過濾器<br>· 在教室使用電子耳蝸 |

*C. Davis 協助製表。

## ·))) 語調聽覺處遇工具：三個年齡發展階段

### 語調聽覺策略

治療師運用表 6-3 的處遇工具，依據兒童的聆聽技巧刺激並矯正兒童的口語。簡言之，治療師用超語段與語段的說話型態，來發展語音的功能性聆聽技巧。表 6-3 分為三個年齡層：年齡層一：1 到 2 歲；年齡層二：2 到 4 歲；年齡層三：4 到 5 歲，例如，3 歲聾童的說話發展年齡可能只有 1 歲。由於說話年齡落後兩年，兒童必須更快速的學習才能趕上發展正常的同儕。換言之，溝通異常的兒童每年的學習進度必須是 1.5 年才能趕上。

語音參數、語音修飾，以及聽輔儀在前面都已討論過，現在要討論的是身體動作、前庭運動、語音韻律、音調性與情境教學。

### 語調聽覺法的前庭運動及身體動作

前庭運動可發展兒童的平衡、協調性與空間知覺，這些能力被和諧地運用在發聲中。為了發展兒童對語音處理的本體覺與聽覺的回饋，身體動作也被運用在發聲中。

身體動作是從參數本位的刺激開始，之後才是音素本位的刺激。起先，以間接刺激的方式，讓兒童自在的表達自己，而不覺得自己是直接地被矯正。兒童沒有察覺到間接的刺激策略，他只感受到他邊發聲邊做動作的快樂。到了第二及第三個層級，治療師直接矯正，因為兒童的音質、韻律與語調型態都已內化且穩定。兒童這時的發聲聽起來像聽力正常的學前兒童。簡言之，只有當兒童有安全感且已具有穩定的韻律與語調型態，才會進行直接的矯正。

### 語音韻律

語音韻律的目的是增進兒童的本體覺與聽覺的記憶（見表 6-3）。身體動作常被用來強化韻律及記憶。層級一，先教七個音節的前語言韻律，例如「ah boo, bah boo, boo, boo, bah」，之後治療師使用八個字的語音韻律「apple, apple, yum yum yum, I want some」。簡言之，這些韻律每次只教一行，直到兒童能記得一行以上。某些語音韻律著重一項音素，例如「Um-um, uma-um, mu mee, mommy」，專注於音素 /m/，因為 /m/ 夾在一連串協同構音且有意義的韻律中，因此有助於兒童將這個聲音精熟。

兒童的記憶廣度一開始是「多對一」個語音韻律，之後發展 2 到 3 個音節韻律。層級二的記憶廣度是 5 到 7 個音節；層級三則是 10 到 16 個音節。層級三的記憶廣度有其必要性，因為兒童與同儕或主要照顧者的會話需要達到這個長度。

### 音素本位的音調性區域

先前提到，治療師一開始先教低音調性的音節 /pa, ba, ma, mu, bu, mu/，之後進展到低音調性的字詞 mama、baby、apple、up、bus、big 等。稍後再採用中音調性的音節 /ta, da, ka, ga/，並進展到 daddy、car、touch 等。在更進階的階段，她會採用高音調性的音節 /si, shi, ti, zi/，進展到 sunny、cheese、seat、zipper 等。這些音調性區域是治療師規劃課程的指引。

### 情境教學：語用技巧

先前提到情境教學有五個階段：治療師直接教學、兒童參與、給予兒童更多的責任、兒童變得更有創意，及兒童做故事角色扮演，這些真實與想像的情境讓兒童經歷到輪流、維持主題、主動提問，並且運用口語互動的規則。這些情境提供兒童在脈絡中會話，而這是發展語用技巧所必需。

## •))) 課程

### 語調聽覺策略

學前課程目的是提供兒童適齡的口語技巧。表 6-4 以「我喜歡上學」為範例，列出三個發展層級。

## 課程：我喜歡上學

完整的理解語言概念是必要的，兒童才能夠有效運用口語，並且成功的學習不同的學科。層級一，對比的概念，例如「上／下」、「進／出」、「大／小」、「走／停」；否定的概念，例如「不是」、「不要」等，則是在適當的脈絡中做介紹。層級二，概念包括「開／關」、「快／慢」、「溼／（不溼）乾」、「骯髒／（不髒）乾淨」等，「不溼」先教，之後才教「乾」；「不髒」先教，「乾淨」後教。層級三的概念包括「多／少」、「前／後」、「向前／向後」、「遠／近」等。

表 6-4 針對字詞、情境、美術、語文及學業前準備等，舉出一些例子。在將口語及學業混合時，這些例子很有用，可幫助兒童做好讀、寫及拼音等學業技巧的準備。

## 學校典型的一天

處遇工具及課程在學校的一天中（例如，早上八點到下午兩點半）隨處可見。表 6-5 舉例說明學校典型的一天，呈現了所有兒童密集與遊玩式的學習情境。

## 團體與個別處遇

語調聽覺策略包括團體與個別的處遇。在學校本位的處遇方案中，團體（或小班）處遇是這個方案的基礎。它用到所有學校系統都用到的形式，並且根據需要結合小班或大班。本章第一部分的概念與班級處遇有關，但是，所有兒童都需要個別處遇。個別處遇採用的策略與班級中用到的策略相同，不同的是這些策略是針對個別兒童的需求，這是班級處遇做不到的事項。聽輔儀第二型有五個頻道與過濾器，被用來提供最適當的頻率反應（OFR），包括用來矯正特定音素的最適當音程。如果兒童同時接受團體與個別處遇，會有最佳的成果，個別處遇幫助兒童處理個別的困難。

表 6-4 ▶ 我喜歡上學課程：發展年齡層

| | 層級 I：0 到 2 歲 | 層級 II：2 到 4 歲 | 層級 III：4 到 5 歲 |
|---|---|---|---|
| 母音／音素／字詞 | 早期發展語音<br>M—mama, me, I'm more<br>B—bus, boy, big, bye<br>P—up, open, puppy<br>W—wake, wow, one | 聲母，以及<br>T—two, put, out, time<br>D—don't, bed, do<br>K—come, can, cake<br>G—go, gone, get | 層級 I、II 聲音，以及<br>S—bus, pants, cereal<br>Z—buzz, zip, zoom<br>SH—shhh, shoe, show<br>CH—lunch, ouch |
| 情境 | Bye mama, I'm on the bus<br>Wake up, not me, mama<br>Boy on the bus, open the doors,<br>where's? Who's? | get up-get on the bus<br>get out of bed, put on my...<br>I can _____, Time to _____<br>I want, I have, is verbing | shh, I'm sleeping<br>Ouch, I bumped my head<br>zoom.... go fast, not slow<br>Can I have, Do you have |
| 概念 | 上／下、走／停<br>大／小、不<br>進／出 | 開／關、快／慢<br>溼／不溼／乾<br>髒／不髒／乾淨 | 多／少、遠／近<br>前／後<br>向前／向後 |
| 美術活動 | 面紙／黃色校車 | 把車子的各部分剪下來組成車子 | 聽從口語指令——把巴士放下來 |
| 語文活動 | 巴士上的輪子<br>大巴士：因為車子很大，所以要裝很多人進去 | 車子的輪子<br>個別的摺疊遊戲<br>填字（克漏字） | 巴士的輪子<br>唱歌——演出 |
| 情境教學 | 教師主導<br>起床——序列故事 | 師生互動<br>教師引導——學生互動 | 學生主導<br>自發性語言 |
| 學業前的準備 | 顏色配對<br>蠟筆<br>把不同顏色的義大利通心粉串成輪子 | 顏色的辨識<br>照著老師的示範著色 | 說出顏色名稱<br>聽從老師的指示畫出顏色／形狀 |

表 6-5 ▶ 全日方案的生活作息表*

| 時間 | 活動 |
|---|---|
| 8:00-8:30 | 到校／上洗手間／例行作息<br>社交語言、字彙、問答<br>助聽器檢查、職業前技巧——照顧好自己的物品 |
| 8:30-9:00 | 前庭運動——一面自然發聲一面旋轉、爬行<br>吃早餐<br>社交語言、字彙、問答<br>目標片語、字彙、韻律型態<br>舉例：我要 ＿＿＿ 和 ＿＿＿＿ 和 ＿＿＿＿＿ |
| 9:00-10:45 | 大團體—聽輔儀（耳機及振動器）<br>聲音刺激<br>透過情境教學提供刺激／反應<br>超語段：例如<br>　　層級Ⅰ：模仿<br>　　層級Ⅱ：模仿／溝通意圖<br>　　層級Ⅲ：自然音質<br>參數——韻律、語調、時長、響度、音調、停頓、緊張度<br>語段：（例如）<br>　　層級Ⅰ：p, b, m, n, w<br>　　層級Ⅱ：層級一再加上 k, g, t, d, l<br>　　層級Ⅲ：層級一與二，再加上 s, sh, ch, z, j<br>本單元的詞彙目標<br>本單元的片語目標<br>概念目標：（例如）<br>　　層級Ⅰ：上／下、大／小<br>　　層級Ⅱ：高／矮、超過／不夠<br>　　層級Ⅲ：向前／向後、近／遠<br>韻律型態目標<br>教師主導的角色扮演<br>休閒本位的活動——語音韻律、故事 |
| 10:45-11:15 | 美術／上午的結束活動<br>讓兒童帶一些東西回家<br>精細動作——剪、貼、畫畫<br>增強早上的活動（表揚優良表現者） |

| 時間 | 活動 |
| --- | --- |
| 11:15-11:30 | 盥洗<br>走廊上排隊<br>安靜／大聲<br>粗大動作／前庭運動——交叉走、直線走、向後走等 |
| 11:30-12:15 | 午餐——採家庭型態，教師及助理一起參與用餐<br>聆聽的類化（遷移）——偶發的學習<br>目標片語：我要 ____，我不要 ____，我想要 ____，做完了，很好等 |
| 12:15-1:00 | 自由活動<br>室內或室外——聆聽的遷移（指偶發的學習）<br>老師主導的活動（為部分的學生）<br>觀察平行的遊戲<br>聆聽社會互動——活動的開展<br>社會遊戲——問題解決 |
| 1:00-1:30 | 下午大團體活動（聽輔儀）<br>補充活動<br>　　傳統的遊戲<br>　　將本單元的詞彙加在遊戲中<br>　　學業準備能力的活動（顏色、數字、形狀）<br>　　角色扮演（例如：表演「正在做什麼」——兒童猜）<br>　　有主題的語文本位活動（例如，11 月份——家庭與家人——自己改編「三隻熊」的故事） |
| 1:30-2:00 | 點心時間<br>聆聽要類化的項目—內容與「點心」有關（顏色、詞彙）<br>目標詞彙、片語<br>社會語言——例如：兒童做出把果汁遞過去的動作，並且問：「你要喝果汁嗎？」 |
| 2:00-2:30 | 小團體／個別處遇／休息時間<br>每天的小團體／個別教學——針對特定的問題<br>聽輔儀<br>電子耳蝸植入前的評估<br>聽力學評估<br>耳模、維修等 |
| 2:50 | 放學 |
| 3:00 | 課程規劃時間 |

* C. Davis 協助製表。

## •))) 回歸主流

### 語調聽覺策略

語調聽覺法的目標是發展正常的口語與聆聽技巧，那麼每個兒童就都可以回歸主流，在學區內的學校讀普通班，並且只做很微小的調整。

### 聽輔儀：轉銜成雙耳助聽器

聽覺損傷兒童從聽輔儀做正向的學習移轉至助聽器或電子耳蝸。聆聽與說話技巧，加上必要時的矯正都是在學校每天的重點。治療師針對兒童在聆聽與口語技巧的良好表現給予獎勵，兒童將這些技巧內化，成為日常行為的一部分。對所有兒童而言，聆聽是一種「生活方式」。事實上，他們通常成為比聽力正常兒童更好的聆聽者。

透過雙耳耳機的語音刺激，能提供劣耳與優耳有效的雙耳聆聽。高品質的聆聽表現、在回歸主流教室裡的餘響與噪音環境中為聲源定位，都需要有效能的雙耳聆聽。多數兒童都兩耳配戴助聽器，使有效能的雙耳聆聽成為可及的目標。

### 從雙耳戴耳機到單耳植入電子耳蝸

在植入電子耳蝸之前，雙耳戴耳機的聽覺訓練提供兒童有效的雙耳處遇，為兒童大腦接收來自兩耳的語音韻律與語調型態做了一些準備。這種語調型態的接收，是兒童之後得以成功地轉換為電子耳蝸直接接收電流刺激的基礎。觸覺振動的語音輸入被運用在電子耳蝸，有助於兒童做轉換，並且發展出有效的口語控制。單耳耳機被放在對側耳，有助於維持有效的雙耳聆聽。差耳隨著植入電子耳蝸的優耳一起發展，而目標是在對側耳戴上助聽器。這會讓兒童在噪音及餘響的教室內成為一位有效的雙耳聆聽者，他會透過電子耳蝸與助聽器同時聆聽。

## 回歸主流的階段

當重度與極重度聽力損失兒童達到四至五歲的發展年齡，就能在幼兒園進行部分時間的回歸主流（見表 6-3）。而部分時間回歸主流可幫助兒童做好全時間回歸主流的準備。說話清晰度不佳的中度聽力損失兒童與聽力正常兒童，他們在一到兩年的密集處遇後（每年 1000 小時以上），語音從不清晰進展到四、五歲的發展年齡。這些兒童可以在幼兒園階段或者國小一年級回歸主流，並且直接進展到「家庭學校」方案。換句話說，回歸主流的安置與層次是依據各兒童的發展年齡，並且也是個別化教育計畫（IEP）的一部分。

其他形式的回歸主流包括融合（inclusion）與統合（integration）。融合是有特教老師坐進教室，幫助兒童成功地完成教室中的課程。統合是指兒童有自己特殊的教育目標，IEP 會配合兒童的潛能進行修飾。有些口語技巧不完整的兒童，在教室中可能需要口語或手語翻譯員。

## 無線系統

透過有效的語調聽覺策略，多數聽力正常兒童的兩耳聆聽技巧發展完整，因此不需要無線系統（wireless systems）。處遇目標是兒童回歸主流後，兩耳都戴助聽器，或者兩耳分別戴上電子耳蝸與助聽器。雙側的擴音有於兒童融入回歸主流的環境，而不至於引起別人注意，認為他們與眾不同。學校聽力師會評估是否有使用無線系統的需求，如果無線系統對於他們的成功學習有所助益，就提供他們適當的系統。無線系統可能是 IEP 中必要的一個項目。

有些兒童在嘈雜的教室中，會需要無線系統幫助他們聆聽，但是，中學階段的青少年都很在意自己是否看起來和他的聽力正常同儕一樣。因為無線系統讓他們在外觀上看起來和同儕不一樣，所以這些孩童多數會拒絕使用。他們擔心不被同儕接納，因此，目標是讓孩童只戴著自己的雙耳助聽器就足以成為有效的聆聽者。對於青少年而言，這是最安全而且最能被接受的方式。

## 錯誤分析

　　治療師運用七個參數進行錯誤分析，以建立良好的語音韻律與語調型態。在句子層次，治療師也用到音素分析來辨識兒童的語音型態是否有省略或替代型的錯誤。表 6-6 呈現需要矯正的三種典型錯誤（A. Dowell, personal communication, 2005）。第一欄是兒童所說的話，第二欄是目標句子，第三欄是錯誤分析。治療師需要立即運用兒童的聆聽技巧來矯正這些錯誤，清晰的語音型態是成功地回歸主流的基本要素。

表 6-6 ▶ 錯誤分析的例子

| 兒童實際說的 | 正確的片語／句子 | 錯誤摘要 |
|---|---|---|
| I wan do doe. | I want to go. | 將「want」字尾的 /t/ 省略 |
| | | 將「to」的 /t/ 替代為 /d/ |
| | | 將「go」的 /g/ 替代為 /d/ |
| My mommy nah here. | My mommy is not here. | 省略「is」 |
| | | 將「not」字尾的 /t/ 省略 |
| I nah ha dat. | I do not have that. | 省略「do」 |
| | | 將「not」字尾的 /t/ 省略 |
| | | 將「have」中的 /v/ 省略 |
| | | 將「that」中的 /th/ 替代為 /d/ |

# 特殊對象的處遇

## •)) 介紹

　　克羅埃西亞薩格柏的語調聽覺聽力與言語中心提供語調聽覺處遇給各種說話與聽覺異常的個案。葛柏里納教授於 1954 年創立語調聽覺中心，採用醫療教育模式，中心裡有不同專長的專科醫師與聽語專家緊密的合作，每天有接近800 名患者到中心接受個別或團體的處遇，年齡從年幼到年長都有。

聽輔儀可運用在所有的特殊群體，例如，構音異常的個案一面聆聽經過全音程濾頻的語音，一面被矯正語音。本書先前提到的語調聽覺法的所有處遇工具都被用上，例如前庭運動、身體動作、七個語音參數、童謠、情境教學、音素進程、超語段測驗與音調性測驗等。

這個中心還包括一個規模很大的語調聽覺外語部門，提供七種不同語言的口語發展。簡言之，該中心將語調聽覺法運用在所有說話異常及說話差異的群體。以下介紹如何將語調聽覺策略運用在美國一些不同的群體。

## ·)) 評估

進行語調聽覺策略之前，必須先做複合的評估。其中一項特別的項目是評估兒童的前庭系統，以便了解兒童是否有平衡及空間知覺的問題。

有多重障礙的兒童預後較差，因為他們需要較長的時間發展口語技巧。因此規劃處遇方案時應符合其個別需求。所有個案的 IEP 都是在專業團隊與父母的共同協助下發展而來。

## ·)) 聽覺損傷與耳聾

輕度、中度或重度聽覺損傷者（25 dB-89 dB HL），會即時透過觸覺振動語音輸入以及雙耳耳機得到幫助。他們的聆聽技巧在經過第一年每天的處遇後（1000 小時），就發展出良好的語音韻律與語調型態，說話清晰度則與聆聽技巧的程度有關。

極重度聽力損失者（+90 dB HL）需要較長的時間發展相同的口語技巧，而他們的低頻殘存聽力通常比他們 90 dB 的平均聽力損失好 20 到 30 dB，例如，在 125 Hz 及 250 Hz 的純音聽閾可能是 60 到 70 dB HL。低頻的殘存聽力可以用聽輔儀的寬頻（2-20000 Hz）進行刺激，觸覺振動的語音輸入與雙耳耳機提供延展的低頻語音刺激。藉由低頻語音接收的最大化，使他們得以發展良好的聆聽技巧，藉此自我矯正錯誤的語音。

## ·)) 聽覺處理異常

聽覺處理異常（auditory processing disorders，簡稱 APD）是指純音敏銳度正常，但是處理口語訊息有困難。有些兒童說話清晰度不佳並且模仿語音韻律有困難，是因為他們的短期記憶有問題。

過去 30 年，諾克斯郡立學校系統在三歲就鑑定出這些兒童，並且安排這些學生與聽覺損傷學生同班。例如，三歲的班級中，可能有六個兒童是聽覺損傷，兩個兒童純音聽覺敏感度正常；這個班級學生的共同點是都有口語處理的困難。為了幫助他們處理口語，聽輔儀加上雙耳耳機及觸覺振動的語音輸入同時被使用。每個兒童的耳機所傳出來的治療師說話音量，都根據個別兒童的需求調整為最舒適的音量（MCL）。例如，90 dB HL 的極重度聽力損失者的語音輸入為 110 dB SPL，但純音聽閾正常兒童的輸入音量設定為 65 dB SPL。兒童以 MCL 來接收治療師的語音輸入。

治療師運用語調聽覺處遇的所有工具：前庭運動、身體動作、七個語音參數、音素進程、童謠與情境教學等。即使這八個兒童的聽覺敏感度不同，透過個別的 MCL，可幫助他們模仿治療師示範的語音。觀察者可能會下錯結論，以為這八個兒童都有聽覺損傷，因為他們有相似的語音輸出，並且每個兒童所使用的都是相同的策略。

純音敏感度正常兒童之進展比聽覺損傷兒童快。每天以耳機及振動觸覺語音輸入做語音刺激，在這種最適當的聆聽情境下，進展更迅速，通常經過一年後（一年約 1000 小時），這些兒童就能夠回歸到普通的學前班級或幼兒園的班級，他們的口語型態及聆聽處理技巧都在正常範圍內。每天都進行密集式的聽覺本位語音刺激，幫助他們快速進步。諾克斯郡立學校 40 多年來提供語調聽覺處遇（1975 年迄今），一直都非常成功。

另一種 APD 兒童是那些在學校裡有學業困難的兒童。一般來說，這些兒童聽從老師的指令有困難，因此他們難以完成指定的作業。這些兒童的智力正常，並且被診斷為 APD。

有一位語調聽覺治療師在她的個人工作室以語調聽覺策略提升兒童的聽覺處理技巧，她這麼做已十年（L. Rook, personal communication, 2005）。她運用聽輔儀，將低通過濾器設定在 500 Hz，以加強其對韻律與語調的聆聽。一旦兒童能夠模仿整個口語節奏，例如「Ah Boo, Bah Boo, Boo Boo, Bah Boo」，他們就會有較好的短期記憶廣度。她同時也使用書寫的符號來代表無意義的音節的口語節奏，以之擴展他們的記憶廣度。因為眼睛看得到這些手寫的符號，兒童的記憶廣度更加結構化。每天一小時，持續三個月的個別處遇後，這些學生的學業表現進步；這位治療師也把相同的語調聽覺處遇技術用在諾克斯郡立學校，在學校中的效果和在個人工作室所得到的一樣良好。以下是她對超語段、消逝的聽覺記憶（fading auditory memory）及解碼等處遇工具的陳述。

過去數年來，以語調聽覺工具與策略運用在被診斷為 APD 的兒童與成人，經常得到很好的成效。就如同聽覺損傷的個案，對於這些 APD 個案，處遇初期的重點是：（1）口語的超語段；（2）聽覺記憶（消逝的聽覺記憶）；（3）在較不適當的聽覺情境將音素解碼（Rook, 2005）。

## 超語段

許多聽力師、語言治療師與臨床聽力工作者都觀察到，為數不少的聽覺處理困難者若要在發聲時同步做出身體動作，會顯現困難，要他們以相同的韻律與重音（強度）重述治療師以單音節所示範的簡單音節型態，也有困難。嚴重的個案，甚至無法將治療師的語句長度重述，也就是說，在治療師示範後，無法重複說出一個長音與一個短音的 /bah/。如果音節中非重音的部分太短，以致個案接收不到，當他重述時，就可能把整個音節都省略掉。這樣我們就能很快地了解聽不到或接收不到日常語音中的非重音成分，對於聆聽者的聽覺理解是個多大的衝擊（Rook, 2005）。

處遇工具中的身體動作，對於讓個案同時聽到、感覺到與看到語音的超語段是個有效的方法。藉著刺激與矯正動作，治療師以視覺及本體動作的方式將

全部口語的緊張度、音調、時間、時距與重音等表演出來。治療師在分析個案的語音錯誤及他所模仿的動作後，藉著身體動作的改變來修飾個案的語音接收與產出（Rook, 2005）。

另一個觀察是，有技巧的治療師如果分析 APD 兒童的錯誤語音（無論是模仿或自發），會發現他們的發聲缺乏語調或音調變化。這些個案說話時，聲音聽起來很單調，表達顯現不足。如果大家能接受以下這個假定，也就是「個案如此說話，是因為他聽到的聲音就是如此（例如方言造成的差異）」，那麼是否個案能聽出語調的改變，以及他是否有能力發出更大範圍的語調變化，就會十分重要（Rook, 2005）。

## 消逝的聽覺記憶

APD 個案之消逝的聽覺記憶，在一開始處遇時，就是個關鍵的目標，因為記憶對於聽覺訊息處理的速度與精確性有很大的影響。治療師一定要強調個案必須有能力在相當時間長度之下「保留住」聽覺訊息；以處遇策略強化個案消逝的聽覺記憶，也會正向影響到每次數分鐘的專注能力（Rook, 2005）。

在發展（或增進）聽覺記憶時，治療師必須仔細設計以聽覺為主要呈現方式的活動。分析個案的反應時，不是以他眼睛看到的教材或動作，而是根據治療師所說的話中他聽到的與記得的是什麼。例如，治療師在桌上呈現四張順序不正確的圖片給個案看，並且指示個案聽四個句子，每一句描述其中一張圖片。聽完所有的句子後，個案必須依照聽到的次序排好圖片。如果個案有正常的視覺記憶，他只需要在治療師陳述時，在心中為四張圖標上 1、2、3、4 的號碼。然後，他就能將圖片依序排好，因為他記得每張圖的位置，而不需記住他所聽到的訊息。強化聽覺記憶更有效的方法是先說四個句子，之後才呈現圖片。個案必須「保留住」聽到的訊息，同時尋找正確的圖片。保留訊息的時間被增加，如此一來就會強化記憶與專注的技巧（Rook, 2005）。

多數治療師都同意，如果呈現的是有意義的語言，個案會比較容易記住聽

覺訊息;因此,非語言的聽覺輸入、無關的單字詞及數字,以及無意義語段型態,都會比語言本位的活動有效。即使呈現的是視覺訊息,特別是使用在超語段或是記憶訓練,其本質都很抽象並且沒有概念性的內容。治療師可使用聲音修飾的技巧,例如在口語的成分之間改變韻律、重音、語調或是停頓來提示個案,讓他記住更多的聽覺刺激,並且記得更長的時間(Rook, 2005)。

有一項策略對於發展 APD 個案的聽覺記憶與超語段接收非常有效,策略中卡片被用來做為語音超語段特質的視覺代表。例如,韻律卡片上畫了一連串的點與虛線,代表聲音長度。之所以用這一連串的點及虛線來代表韻律,是因為韻律會越來越長並且會越來越不容易記憶。治療師依據個案的需求,可以有多種運用卡片的方式(Rook, 2005)。

每一張韻律卡片有三到七個音節,其中含有時距、語調或響度型態。例如,四個音節的時距型態可能是「短─短─短─長」、語調型態的可能是「向上─向下─向上─向下」;響度型態可能是「大─小─大─小」。每張韻律卡片都清楚做出標記,因此個案可以用視覺記憶重複每種聽覺型態。之後個案不看視覺韻律卡,也可以重述聽覺型態。

## 解碼

英語音素的解碼(decoding)可能是困難的,尤其是當個案掙扎著要去接收或解碼時距、音調、強度、緊張度等超語段以及字彙出現頻率的時候。個案在處遇一開始時就應該被訓練著去分辨或重新說出音素在強度、時距、速度、音調及頻率的差異,他應該要知道並且可模仿音素的緊張度與位置變化。音素分辨、混音(sound blending)、音素構音、時間處理與排序,都是能透過語調聽覺策略增強的處理技巧。身體動作促進聲音的接收與產出(可以單獨也可以以型態方式呈現),語音韻律或者是無意義的韻律都有助於發展良好的記憶與序列技巧。透過濾頻的聆聽(聽輔儀)訓練個案以有限的頻帶接收語音,因此使他在噪音中聽得更好,並且更有效地理解口語,即使聽覺訊息相當有限(聽

覺閉鎖）（Rook, 2005）。

## ·)) 構音異常

運用在構音異常（articulation disorder）兒童的語調聽覺策略，包括以聽輔儀的雙耳耳機將治療室的噪音減弱 30 dB，並且以最適當的音程播放目標音素。例如，目標是 /s/，但個案以 /ʃ/ 取代，將音程過濾器的中心頻率設定在 6000 Hz，會去除個案錯誤發音的頻率（例如 4000 Hz 的 /ʃ/）。一旦兒童能夠正確接收目標音，就能自我矯正會話的錯誤，並且類化到日常生活情境。

若有需要，最適當音程過濾器可調整成較高或較低的頻率，使目標音素與錯誤替代音二者間有更大的知覺差異。例如，最適當音程的中心頻率被移到 8000 Hz，於是得到 4000 Hz 的差異（例如，4000 Hz 的 /ʃ/ 與 8000 Hz 的 /s/）。這種較大的差異對某些兒童是必要的，因為可精煉他們的分辨技巧，進而製造出更尖銳的 /s/ 音。

下一個程序，是加入 300 Hz 的低通過濾器，以提供字詞或片語中做為目標音的韻律與語調型態。例如「Sally is sick」，如果這個口語短句的目標音正確，那麼聽輔儀上的音程過濾就改成寬頻帶的聆聽情境，寬頻帶的聆聽可協助兒童去適應每天的聆聽情境。做類化階段的評估時，兒童不戴耳機，這是處遇課程有關類化的最後階段。

過去曾有一研究測試語調聽覺法在諾克斯郡立學校系統的使用情形。一組構音異常兒童以 Goldman-Fristoe 構音測驗做前測，內容包括 73 個獨立音素與混合音素。兒童錯誤型態變異很大，73 個題項的錯誤次數介於 3 到 23 個，平均錯誤是 15 個。語調聽覺策略被運用在這些兒童，每週兩次 30 分鐘的個別課程，整組平均介入的時間是 11.5 小時。後測顯示這些兒童的平均錯誤從 15 降至 8 個，平均每個錯誤需要 2 小時的課程去矯正。學校的語言治療師之後擔任這些兒童的治療師，她們指出相較於傳統介入方法，這些兒童的語音分辨技巧較佳，並且類化也較好。

研究計畫的第二部分，探討相同的語調聽覺策略被運用在學前聽力正常兒童的成效，這些兒童都有嚴重的構音及語言遲緩。以含有 73 個題項的 Goldman-Fristoe 構音測驗做前測，平均錯誤 60 個，經過語調聽覺法介入後，減為 30 個。學前兒童進步幅度比學齡兒童大，音程過濾對於幼兒更有效。

在邁阿密戴德公立學校，語調聽覺治療師的工作任務包括構音異常的聽力正常個案。治療師運用前述的音程濾頻處遇方式，結果指出透過最適當音程聆聽，兒童的表現明顯進步。多數兒童順利結案，因為構音錯誤都已被矯正。

先前提到，在克羅埃西亞薩格柏的語調聽覺中心也使用最適當音程濾頻協助所有構音異常的兒童。語調聽覺治療師的理論是，耳機與最適當濾頻幫助兒童矯正來自於聆聽所產生的錯誤構音，因此可以類化到會話。

以上所陳述的語調聽覺策略與傳統的語音策略不同。傳統語言治療師採取的刺激反應模式，用的是相同的目標模式而不是基於兒童的錯誤來做語音修飾。他們的假設是只要兒童聽夠了目標音，就能夠自行矯正。傳統治療師可能會用鏡子教兒童如何在構音時將舌頭擺在適當的位置，這個假設是如果兒童能理解舌頭的確切位置，他就可以矯正錯誤的語音。

相較於傳統治療師，語調聽覺治療師假設兒童說錯是因為沒有正確地透過聽覺接收到目標音素。因此，透過最適當音程過濾器，讓兒童能夠正確地接收聲音並且調整舌位，而不需要治療師提供視覺線索或者是透過鏡子回饋。

正常的協同構音型態是所有治療師的目標，透過聽覺接收來做矯正似乎是最合邏輯的方式。以這種方式，兒童可以進行必要的構音調整，在不同的音素環境中發出目標音素。語調聽覺法的聽覺本位策略提供了更好的架構，讓兒童成功地類化到各種會話情境。

## •))) 語言異常

運用在輕度或重度語言異常兒童的語調聽覺策略，與先前聽覺損傷兒童相同；重度語言異常兒童需要在學前階段密集介入。這些兒童中有多數被歸類為

學習障礙，其口語智商低於平均數，而非語言智商在正常範圍。其中部分兒童有注意力缺陷（ADD 或 ADHD），以至於不易專注，並且在傳統方案中學習有很大的困難。聽輔儀的雙耳耳機協助這些兒童專注於聽覺本位的輸入訊息，其中有些兒童也從觸覺振動的語音輸入獲益。這兩種輸入模式協助兒童專注於治療師示範的語音，並且理解口語。重度語言異常的兒童可能和聽覺損傷兒童被安置在同一個教室，在整個學年中每天都接受刺激（例如每年 1000 小時）。

有時候，重度語言異常兒童很難與 APD 兒童做區分，這兩個族群在模仿語音韻律以及運用聽覺記憶處理語音輸入都有困難。

## •)) 多元文化族群

美國已然成為多元文化社會，不同家庭使用多種不同語言。例如，邁阿密戴德公立學校內有許多來自西班牙的移民。很多時候，父母與孩子溝通時說的是西班牙語，只說很少的英語。

由於美式英語是公立學校主要的語言，因此西班牙兒童使用英文教科書時常遭遇困難。家中與學校使用的語言無法匹配，為這些兒童製造了困難。

為了解決這種不匹配的問題，需透過英語與西班牙語都流利的語調聽覺雙語治療師，協助西班牙兒童學習兩種語言及其使用，並且也學習兩種文化。

## •)) 說話異常與說話差異

說話異常（speech disorder）通常是標準測驗的診斷結果，其常模是以美式英語兒童為樣本所建置。兒童被診斷為說話異常，是表示該兒童的語言型態偏離了標準化常模，這些兒童需要盡快介入。

所謂說話差異（speech difference）是指兒童使用的方言不同於標準的美式英語，這些方言型態的產生，通常是因為家中使用的是與學校不同的說話型態。說話差異的兒童是有可能同時學會並精通「家中話」與「學校話」，但是說話異常的兒童若沒有適當的處遇，就無法學習語言。

　　語調聽覺治療師必須了解方言的差異，以及這些差異對兒童在家中與學校環境有何種影響。她要先讓兒童覺察到「家中話」與「學校話」的差異，這些兒童必須有技巧地使用學校語言，才能在學習課程時不因語言誤解而被干擾。

　　同時會使用兩種方言的兒童，可以持續和家人以「家中話」對談，以維護這些兒童的文化方言。語調聽覺治療師必須能夠區分說話異常與說話差異、提供這些說話異常的兒童直接介入，並且促進說話差異兒童的語言發展。

## ·))) 第二語言的學習

　　第五章解釋了學習第二語言的語調聽覺策略。美國的語調聽覺治療師多數都是說美式英語，他們有能力針對英語為第二語言的學習者進行教學。例如，邁阿密戴德公立學校有很多兒童使用的是他們的母語西班牙語。其中多數是從他國移民來美國，並且即刻在公立學校中註冊就讀。

　　治療師早已做好以團體課教英語為第二語言的準備。團體課包括第五章提及的圖片與書籍。一開始，每天以團體課方式進行，最好是在進到學校的最早時段中就進行密集處遇。密集的英語口語刺激，讓兒童做好準備，學習到老師在教室中所使用的英語說話型態。漸漸地，說西班牙語的兒童便可轉銜到教室中講英語。

　　對於將母語轉銜為英語口語有困難的兒童，語調聽覺治療師應該要每天都提供個別課。團體與個別課都可以協助這些兒童成功地轉銜為講英語。

　　語調聽覺處遇在學前及小學階段最為成功。通常，年紀越小，越容易從講西班牙語調整為講英語。對於年齡較大的高中學生，處遇課程需要較長的時間，並且要安排懂英文的學伴在教室中透過翻譯協助他。

　　語調聽覺策略也能用在各種外語教學中。老師必須先受過語調聽覺策略訓練，才能夠有效地使用聽覺本位的技巧教學。如同第五章所述，教導外語的圖片及書本會協助兒童學習新的語言，並且流利地說外語。外語教師應該是該外語的母語使用者。理想上，這些外語課程要在小學就開始，越早介紹新語言，

兒童要成功地精熟這個語言就越容易。但是，多數學校系統都是在國中與高中階段才提供外語課程。

很重要的一點是，兒童可以流暢地說外語，目標是期望他們聽起來像是在講自己的母語。例如，學生去參與一個要用到西班牙語的情境，講西班牙語的人士把他當成是本土西班牙人。如果有這種情形，這個外語教學法已成功地為這個兒童做好適應另一個文化的準備。

閱讀外文的能力是在稍後才發展，因為是要以兒童說這個語言流利的程度為基礎，一般原則是說話技巧先於閱讀技巧。

## ·)) 摘要

本節介紹了語調聽覺策略如何被運用在各種溝通異常者。原本的模式是發展於克羅埃西亞薩格柏的語調聽覺聽力與言語中心，相同的模式也可以套用在美國，甚至是公立學校系統。治療師使用的是相同的語調聽覺策略，因此得以運用他們專精的處遇工具在不同的族群中。在這些族群中，最常見的共同成分是多數兒童一開始說話不清晰並且聆聽技巧差，這個特色使得此種處遇策略可以被用在不同的異常者。

## 成人的處遇

## ·)) 介紹

克羅埃西亞薩格柏的語調聽覺聽力與言語中心（SUVAG Polyclinic）是一個示範中心，提供聽覺損傷的成人處遇。中心每天有超過 50 名成年人接受處遇（聽覺訓練）與助聽器選配。中心有六個處遇房間，每個房間都有一台聽輔儀。每位語調聽覺治療師都使用雙耳耳機與聽覺語音輸入，在低頻語音區域做大腦聽覺移轉。每個個案每週需進行三次 30 分鐘的處遇，提升其聽覺語言接

收能力，例如，從 40 ％ 的語音辨識提升至 80 ％。當語音辨識達到 80 ％，或是個案不再進步，處遇課程就停止；通常是一至三個月。

在美國很難執行處遇模式，因為多數美國人都採取快速解決法，也就是去配置助聽器。但是，在田納西州瑪麗維爾（Maryville）的布朗特聽力與言語中心採用了薩格柏模式。個案的語音辨識分數如果很低（例如 40 ％），在選配助聽器之前先轉介去做聽覺訓練。

在選配助聽器前先提供成人聽覺訓練，是因為聽覺策略是成功選配助聽器的要件。請讀者閱讀與回顧有關音響過濾器是如何被使用（見第三章）。

## •⫶) 成年人在處遇的需求

美國聽覺損傷的成人約占全體人口 10 ％ 以上，隨著平均壽命的提高，這個比率每年增加。相較之下，極重度聽力損失的兒童不到人口的 1 ％。

聽覺損傷會對於幼兒的溝通技巧有立即的影響，因為兒童尚未發展出口語溝通所需要的聽覺或口語技巧，他們的說話不清晰且聽覺技巧差。針對這樣的問題，聯邦與州政府均立法規範應即刻提供這些兒童服務。

相反的，聽覺損傷的成人並未得到同樣的重視。部分成年聽覺損傷者未主動尋找適合他們的服務，這些個案的配偶、家人或者是朋友，必須堅持要這些個案去尋求服務。多數後天聽覺損傷的成人，其聽力損失隨著時間逐漸加重。其中一項原因與環境中的高音量噪音有關，且噪音與年俱增，尤其是在大型的已開發城市。除了環境中的整體噪音，其他形式的噪音存在於工廠與娛樂活動中。例如，噪音型聽力損失在嘈雜的工廠中很常見。這些成人的聽力圖通常有個凹陷頻率在 3000，4000，或 6000 Hz，其聽力損失大約 40 到 70 dB。

這些成人多數在噪音環境中有理解語音的困難，因為噪音會蓋蔽或干擾低頻率的語音辨識。這些成年人常被認為是重聽，聽力損失多半是在 1000 Hz 以上，1000 Hz 以下的聽覺敏感度幾乎正常或是接近正常（25 dB HL）。

這些成人雖然有聽力損失，卻多數都保有正常的語音型態，這和聽力損失

兒童不清晰的語音型態有很大的不同。成人正常的語音型態是因為正常的本體記憶型態，簡言之，這些記憶型態讓他們保有正常的語音型態，雖然他們聽自己說話有很大的困難。低頻的敏感度加上本體記憶廣度，提供他們充分的聽覺回饋。

由於多數成人的語音清晰，因此難以偵測到他們其實是有聽力損失。通常是經常與個案互動的配偶、家人、朋友，察覺到聽力損失對個案溝通技巧的影響。由於缺乏溝通技巧是件很糟的事，所以他們會避免接觸一般的溝通情境，這種逃避的態度對於其情緒與心理健康會產生負面效應。

科技的進步使助聽器及電子耳蝸更有功能及更實用，例如，助聽器中的特殊音效處理技術、進階麥克風的敏銳度等。考量到這些先進的技術，助聽器的配置應該要更成功。不幸的是，實際情形不是這樣，配戴助聽器的成人中，超過 50 % 的人對助聽器不滿意。其中有些人因為不滿意助聽器的功能，尤其是在噪音環境，以致不再使用助聽器。這顯示助聽器使用者在嘗試以助聽器減小聽力損失對溝通的影響時，失敗率很高（50 %）。語調聽覺策略提供這些問題一個解決方案，讓更多成年聽覺損傷者可以被幫助，以下說明這些策略。

## •))) 大腦聽覺移轉

為了要協助聽覺損傷的兒童及／或成人，語調聽覺治療師必須了解大腦的聽覺移轉。大腦聽覺移轉有兩種：自然移轉與處遇移轉。這兩種型態中，個案大腦的神經可塑性讓耳蝸到大腦神經的連結重新建構，使低頻區域可同時處理低頻與高頻的語音能量，於是個案低頻區域的殘存聽力能做最大的使用。

了解大腦聽覺移轉的其中一個方法，是描述聽覺損傷的個案如何發展「自然移轉」。例如，本書作者的一位青少年個案是高頻陡降型（ski-slope）聽力損失，125 Hz 到 1000 Hz 的純音聽閾是正常的 15 dB，2000 Hz 到 8000 Hz 是極重度聽力損失。當他做音調性句子及字詞測驗時，得分是 100%，對他而言，音調性句子比音調性字詞簡單，他能夠立即正確重述句子。個案對高音調性字詞

的反應速度較慢，但最終還是能正確地重述。個案如此的好表現並沒有視覺線索輔助，在沒有治療師面部表情的情境下，只以最舒適音量（MCL）聆聽音調性句子及字詞。

　　之後，給個案戴上聽輔儀的雙耳耳機。低通過濾器設定在（0）1000 Hz（60）。所有低於 1000 Hz 的語音都自然通過，而高於 1000 Hz 的語音則被刪除（減弱）。這個個案能夠在低頻率區域（1000 Hz 以下）接收到低頻與高頻語音，個案的大腦已自然地發展出低頻語音移轉，並且在沒有視覺線索下的語音辨識得分為 100 ％。所有個案都可能發展出「自然的」大腦移轉；但是，從不同的聽力損失型態與純音聽力圖形狀來看，一些個案只能發展出少量的大腦移轉。語調聽覺治療師應該要評估個案的聽覺語音接收能力，了解有多少百分比的大腦移轉已自然產生。

　　1966 年 Rhodes 以聽力正常與陡降型（1000 Hz 以上的頻率）聽力損失的成人為對象，透過語音辨識測驗記錄他們自然的大腦移轉能力。將語音測驗的字詞以 1000 Hz 低通過濾器播放，聽覺損傷成人得分比聽力正常者多 28 ％ 以上（59 ％ 對比於 31 ％）。他指出這些聽覺損傷成人可學會用低頻區域來補償高頻聽力損失。他的結論是，聽覺損傷的成人可學會運用低頻線索，而這是聽力正常的成人通常不會去使用的部分。聽覺損傷成人的表現可以超越聽力正常成人，這個事實令人驚訝，也顯示了大腦的神經可塑性。

　　第二種大腦移轉是透過語調聽覺策略而發展。這項處遇包括 30 分鐘的聆聽練習，練習中將音響過濾器設定在最適當的頻率反應（OFR）。本章後續將再解釋知覺移轉的處遇方式。

## •))) 助聽器選配前評估

　　在設計聽覺訓練方案前，語調聽覺治療師要先完成一個複合式的助聽器選配前評估（Pre-Hearing Aid Assessment），評估的項目如表 6-7。為了建立比較的基礎線，先評估個案未助聽的（不戴助聽器）聽覺接收能力。根據個案的純

音聽閾與語音辨識閾，以弗來傑距離表來估計個案兩耳未助聽的最適當聆聽距離。先評估優耳，塞住差耳，在第三章已有詳細的說明。

聽力正常的成人被拿來做為比較，他們在超過 30 英尺的距離仍可理解語音。相對的，語音接收閾（SRT）為 55 dB 的成人，在 40 英寸距離應該能理解語音，而 SRT 為 85 dB 的成人，只能夠在 1 英寸以內的距離理解語音。未助聽距離的測量是從治療師的嘴巴量到聆聽者的耳朵。

這個最適當的未助聽距離相當於個案的 MCL，一旦確認距離，治療師在沒有視覺線索下做音調性字詞測驗，測驗結果會找到個案表現最佳的音調性區域。例如，低與中低音調性區域得分 80 %，表示這兩個區域是最適當的音調性區域，而高音調性區域得分 10 %，表示高音調性區域不適於個案。在優耳測試結束後，在差耳做同樣的測試程序，以耳塞或噪音蓋蔽優耳。我們假設這個個案的優耳未助聽音調性辨識分數在 3 英尺是 50 %。如果個案有配戴助聽器，相同程序要再做一次。助聽的音調性測驗是在 15 英尺的標準距離測試，若個案的整體音調性分數是 30 %，這表示個案助聽的分數低於未助聽（50 %）。這樣的結果顯示個案未從助聽器獲得最大的助益。

下一個階段的評估是戴上聽輔儀的雙耳耳機做測驗（見表 6-7）。OFR 是基於未助聽的最佳音調性區域、個案聽力圖的 SRT 等，例如，125 到 1000 Hz 的頻率區域是個案優耳的最適當頻率帶。使用這個過程找到的最適當區域〔例如，（0）1000（60）〕，進行接下來一系列的測驗。

表 6-7 ▶ 語調聽覺法助聽器選配前評估

| | |
|---|---|
| 1. 未助聽：沒有助聽器 | |
| 　最佳音調性區域 ＿＿＿ Hz | 最佳距離 ＿＿＿（英尺） |
| 2. 助聽：戴助聽器或電子耳蝸 | |
| 　最佳區域 ＿＿＿ Hz | ＿＿＿ ％ 距 15 英尺 |
| 3. 聽輔儀：戴雙耳耳機 | |
| 　a. 最適當的頻率反應（OFR） | |
| 　　移轉 | 是／否 |
| 　　SRT | ＿＿＿ Hz |
| 　　SRT／SDT 差異 | ＿＿＿ dB |
| 　b. 語音速度（正常＝5 個音節／秒） | ＿＿＿ 音節／秒 |
| 　c. 動態範圍（正常＝＋20 dB） | |
| 　　不舒適音量－舒適音量 | ＿＿＿ dB |
| 　d. 訊噪比（正常＝5 dB） | ＿＿＿ dB |
| 　e. 餘響（正常＝1.8 餘響時間） | ＿＿＿ RT |
| 4. 觸覺振動語音輸入 | ＿＿＿ ％ |
| 5. 語音清晰度 | ＿＿＿ ％ |
| 6. 耳鳴（是否能以最適當的頻率反應蓋蔽） | 是／否 |

　　第一項測驗是語音速度測驗（見表 6-7）。治療師以每秒五個音節的正常速率念出音調性的句子，假如個案表現很差，就把速率減慢為每秒兩個音節。如果個案在較慢的速率得到較佳的分數（正確率％），表示個案對於正常的語音速率有困難。

　　接下來，治療師比較個案以音調性句子測得的 MCL 與最不舒適音量（UCL），如果二者的差異小於 20 dB（例如：MCL＝70 dB 與 UCL＝80 dB），表示個案對語音有明顯的響音重振現象（響度容忍度下降）。

　　下一階段，治療師評估個案對競訊噪音的容忍度。如果個案只能夠在 +15 dB S/N 理解音調性句子，那麼這個個案在競訊中有困難。治療師可以將餘響加在語音輸入中，評估個案戴著耳機在餘響中的語音接收能力。如果個案無法容忍 1.8 秒的餘響，那麼當餘響加入時，他的聽覺接收能力會降低。

以上的例子指出個案在下列容忍力有下降的現象：正常的語音速度、動態範圍、訊噪比與餘響。這些結果顯示個案需要聽覺訓練處遇，以改進他在這些情境的語音辨識。理想上，聽覺訓練處遇要在助聽器選配前完成。

其他更多的評估，例如除了雙耳耳機輸入，也將觸覺振動語音輸入加進去，評估重點是：是否多加進去的輸入有提升語音的接收。如果個案表現有提升，**觸覺振動器**就要被納為 OFR 的一部分。

然後是評估個案的說話清晰度。如果個案的說話清晰度是 100 %，不需要特別的處遇，沒有必要矯正說話錯誤。但是如果清晰度小於 80 %，處遇方案就要包括發展聆聽技巧來矯正錯誤的語音。

還要做的評估是個案有沒有耳鳴，或者耳朵裡聽到聲音。治療師透過過濾器呈現 OFR，如果可以成功的蓋蔽個案的耳鳴，那麼他的預後會良好；但是如果過濾器蓋不住耳鳴，對於個案未來語音接收的提升之預後就會不佳。

總結來說，表 6-7 列出了助聽器選配前功能測驗的複合式表單，這些評估程序對於發展有效的聽覺訓練處遇方案相當重要。

## ·))) 不佳的聆聽情境

已完成學前及學齡階段語調聽覺處遇的國小兒童，其表現相當於輕度至中度的聽力損失成人，二者都有清晰的口語，也有相似的語音辨識正確率（至少 80 %），並且他們同樣都要改進在噪音與餘響中的語音辨識能力，這包括將最適當的學習情境改為不利的學習情境。方法如下：將噪音與餘響加到聽輔儀中，例如，+15 dB S/N 與 1.0 秒餘響加進去後，就得到不利的聆聽情境。成人與兒童練習辨識語音的這種不利情境，就彷彿日常生活中困難的聆聽情境。透過不利情境的練習，他們在噪音中的語音辨識得以提升。

## ·))) 成人的語調聽覺法聽覺訓練

成人的語調聽覺法聽覺訓練與國小兒童類似，為了簡化討論，這裡只說明

成人的部分。語調聽覺處遇策略必須顧及需求性與適當性，主要的訓練工具是聽輔儀，加上雙耳耳機及觸覺振動語音輸入器。

助聽器選配前的評估結果被用來規劃密集的聽覺訓練方案。治療師一面調整低通過濾器，一面要個案重述句子，以此方式找出 OFR。治療師先採用（6）1000（60）Hz 的設定。向低頻率的方向以每音程 6 dB 的斜率，徐緩減少低頻語音的能量。如果這個一開始的設定不是最適當，治療師將斜率改成 0 dB，通過更多低頻語音的能量。向高頻率的方向以每音程 60 dB 的斜率，快速減少中高頻至以及高頻區域的音量。這樣做，可以讓治療師避開聽力損失最大的區塊，而不至於導致知覺的扭曲。某些個案，加上 2000 Hz 或 4000 Hz 的高通過濾器會有幫助，音量則是設定在接近或恰好是聽閾。之所以有幫助，是因為低頻的語音能量使個案對於接近其聽閾的高頻語音更敏感，這被認為是一種雙重模式的聆聽情境。治療師根據成人個案的回饋來評估過濾器的設定，從而找到 OFR。

治療師比較未助聽與助聽的最佳音調性區域，得到額外的訊息。治療師也採用個案的語音接收閾（SRT），來協助她確認最佳的音調性區域。

比較 SRT 與語音察覺閾（SDT）也提供了重要訊息，如果二者的差異是 5 dB 或更小，表示個案能夠從低頻區域接收語音訊息，並且他能夠成功地透過低頻區域發展出大腦移轉功能。

找到 OFR 後，治療師在這個設定下進行一系列的 30 分鐘聽覺訓練課程。治療師指示個案重述日常會話（如假日、最近的事件）的長句與／或短句，這會讓個案有更好的語音辨識。若有必要，治療師可將說話速度從正常（每秒五個音節）調整成較慢的速率（每秒兩個音節）。

如果個案在慢速與正常速度都沒有問題，治療師可以把說話速度加快（每秒八個音節），做額外的練習。如果個案在沒有視覺線索下還能夠成功接收所有的字詞，表示說話速度的練習有成效。

做動態範圍的練習時，個案的字詞聽辨呈現的音量逐漸降低，直到該音量

與 UCL 的差異相差 20 dB 以上。方法如下，雙耳配戴耳機，一面逐漸減少語音輸入的音量，一面請個案重述長句與短句。幾次的練習後，即使呈現語音音量被降低（例如，從 65 dB HL 降為 55 dB HL），多數的個案都還可以維持很好的語音辨識得分。動態範圍的增加有助於減少響音重振。超過 20 dB 的動態範圍，會讓個案的助聽器使用更加成功。

訊噪比的評估被用來決定聽輔儀的設定，治療師先從 +15 dB S/N 開始，對於多數個案這都是較容易聆聽的情境。當個案一面重述熟悉的句子，治療師一面增加噪音的音量，這樣會讓個案有機會在不利的聆聽情境做練習。當個案能夠在 +5 dB S/N 或 0 dB S/N 的訊噪比重述句子，他在噪音之下的語音辨識至少可以維持 80 % 的得分。

加到聽輔儀的餘響先是從較低的 0.6 秒開始，之後增加到 1.8 秒。一旦個案可以重述句子而不被餘響干擾，他就能在不同的餘響時間（RT）維持良好的語音辨識表現。

最後，所有不利的練習情境同時呈現（例如，0 dB S/N，加上 1.8 秒的 RT）。個案如果能成功辨識語音，表示他是一個很好的助聽器候選人。

假如個案說話清晰度很差，治療師以 OFR 來矯正錯誤的語音，矯正策略採用的是七個語音參數的錯誤分析法。例如，增加子音 /s/ 的時距，並且同時也加入 6000 Hz 的高通過濾器，有助於個案正確地接收 /s/。

聽覺訓練也可以用來減少或者去除個案的耳鳴，將聽輔儀的過濾器調整成與耳鳴的頻率相同。例如，2000 Hz 的過濾器可能會蓋蔽個案的耳鳴，並且因此能減少耳鳴在個案重述句子時的負面效應。

治療師透過以上的訓練來達成以下的目標：將個案的大腦聽覺移轉發揮到最大的程度。當個案最敏感的低頻區域被發揮到最大程度時，他就可以用低頻區域接收低頻與高頻的語音。以 OFR 做練習，個案透過聽輔儀得到 100 % 語音辨識的可能性是存在的。下一個任務是透過個案的助聽器或電子耳蝸，得到同樣高的語音辨識程度。

## 助聽器配置

　　前面提到，克羅埃西亞薩格柏的語調聽覺聽力與言語中心在助聽器配置前，先要實施語調聽覺訓練。這些訓練課程必須顯現個案在極少的視覺線索下，語音辨識仍有顯著的提升。要呈現如此高水準的表現，個案必須發展出大腦聽覺移轉。

　　在克羅埃西亞，醫療保險會支付個案的助聽器費用，而美國的成人個案則必須自費支付助聽器費用。因此，薩格柏的助聽器模式很難在美國執行。通常，美國的個案會想要購買助聽器，並且快速得到擴音輔助，而不想花時間進行聽覺訓練。

　　田納西州瑪麗維爾的布朗特聽力與言語中心採用近似於薩格柏的模式，該中心的個案先做助聽器選配前評估，了解是否有聽覺訓練需求。然後，由個案決定是在助聽器選配前先完成聽覺訓練，還是購買助聽器而不做聽覺訓練。

　　布朗特聽力與言語中心的老闆是約翰・貝里（John Berry），他是有證照的語調聽覺治療師。貝里使用語調聽覺法與處遇工具已有近半世紀的經驗（1970年迄今）。起先他的工作是幫助學前的聽覺損傷兒童，發展聆聽技巧與清晰的口語型態。後來，他為成人設立語調聽覺訓練方案，透過他所設立的中心，使語調聽覺策略與工具在助聽器選配的運用得到更精練的結果。貝里的聽語中心的個案服務一直都有卓越的成果，此中心提供 100 ％ 的滿意保證，否則退費。有 20 ％ 的個案是來自其他州，這表示貝里的處遇方案及員工所提供的服務聲譽遠播，這樣的聲譽是因為他實行了語調聽覺策略與處遇工具。以下說明布朗特中心如何運用語調聽覺法進行助聽器配置。

　　以聽輔儀完成助聽器選配前的評估後，個案決定是要參加聽覺訓練方案還是直接購買助聽器。不論做哪種決定，語調聽覺治療師都會選擇適配於個案OFR 的助聽器。治療師從眾多的助聽器廠牌與型號中為個案選擇一個助聽

器，他通常會選擇有延伸到低頻率反應且有多種斜率的助聽器，這對於遵循個案 OFR 會有幫助。

貝里依據助聽器訂購的原則，選擇最適合個案的助聽器，當中會考量到所有可運用的特質（例如：增益與頻率反應）。他認為經過訓練的語調聽覺治療師具有選擇最合適助聽器的責任，而不是助聽器製造商。這與傳統的聽力師不同，他們經測驗的結果輸入製造商提供的軟體為個案選擇與設定助聽器。

語調聽覺法的第二個原則是運用助聽器選配前的評估，來估計在低頻率區域大腦移轉的程度。這會用到聽輔儀的低通過濾器或是個人助聽器。治療師用音調字詞測驗與七個語音參數的錯誤分析，來決定是否有知覺移轉。換句話說，治療師可以評估個案是否能夠運用低頻區域接收高頻率的語音。語調聽覺法不同於傳統採用鏡影法為聽力損失者決定擴音音量，在這樣的傳統方法中，聽力損失程度越嚴重（如高頻率區域），擴音（增益）越大；提供高頻率更大的擴音，其目的是讓聲場中助聽後各頻率的純音聽閾可以是水平形狀的 25 dB（或更小），也就是說 4000 Hz 可能需要 80 dB 的增益（擴音）。簡言之，這個策略是嘗試在聽力損失者的「頻率死亡區」進行擴音。近年的研究指出，對於 70 dB 或更大的聽力損失，這些「頻率死亡區」可能沒有知覺上的用途，必須避開這些區域。

語調聽覺法的第三個原則是盡可能選用耳掛型助聽器，這個模式允許耳模有更精確的調整。例如，高頻陡降型聽力損失的個案很適合用開放式耳模，因為這些個案其 1000 Hz 以下的頻率是輕度聽力損失（20-40 dB），而 1000 Hz 以上的頻率是重度至極重度的聽力損失，採用開放式耳模，語音頻率中的較低頻率未被擴音，自然通過。治療師在 15 英尺的距離，以音調性字詞辨識測驗評估個案的語音聽辨表現。之後，治療師透過助聽器呈現高頻率反應，加上未擴音的低頻率，這是很有效的雙重模式呈現，但是實際上只在高頻有擴音。

總結來說，約翰·貝里以語調聽覺處遇策略與工具成功地發展了助聽器配置方案，建議讀者可前去布朗特聽力與言語中心參訪。

# 電子耳蝸方案

近年來電子耳蝸的進展正向地影響了兒童與成人的表現，特別是年幼的聽力損失兒童，可以從密集的聽覺本位處遇得到幫助。因為語調聽覺法是聽覺本位，所以是處遇方案的一個合理選擇。語調聽覺法的策略與工具適合用來發展聆聽技巧與口語。

要發展一個成功的處遇方案，其最優先事項是早期植入及植入前處遇方案。在早期就將觸覺振動語音輸入與雙耳耳機介紹給幼兒，這麼做會讓幼兒感覺到語音。之後，幼兒會將聽輔儀的學習成果正向的移轉到電子耳蝸。單耳植入電子耳蝸後，繼續提供觸覺振動語音輸入以及在對側耳的單耳耳機輸入。這會促進雙耳聆聽技巧的發展，其目標是最終孩童戴上單耳助聽器或電子耳蝸，雙聆聽的技巧對他在噪音環境聽聲音有所幫助（例如，回歸主流的教室）。當兒童發展出更佳的聆聽技巧，則逐漸減少視覺線索，把重點放在聽覺本位的輸入。這些兒童通常能夠透過聆聽自我矯正錯誤的語音，是很多教師口中的明星學生。這些兒童多數都在很小的年齡就回歸主流，並且也不需要特殊教育服務。

但是，多數植入電子耳蝸的兒童並不會如此快速地進步，他們需要聽覺本位的方案幫助他們發展聆聽與口語技巧。自然的視覺線索（例如，治療師的臉部）與語音同時提供給這些兒童；但是，視覺線索要盡量減少，讓兒童能專注在語音聽覺的輸入。

語調聽覺策略中的錯誤分析與矯正對於所有兒童都很重要。兒童在方案中必須固定地做語音矯正，目標是每個兒童都能發展出自我矯正的技巧，也就是能聽出自己錯誤的語音並且改變自己的發音。

多數植入電子耳蝸的兒童能夠聽到高音調性區域的音素（例如，/i/ 及 /s/），但是有些兒童聆聽低音調性的音素（例如，/u/ 及 /m/）有困難。這就

是為什麼電子耳蝸植入前的早期語調聽覺處遇如此重要的原因。電子耳蝸植入前的處遇幫助兒童發展低音調性的聽覺接收。接下來，電子耳蝸植入後，可同時發展低音調性與高音調性的接收。

電子耳蝸的電流圖（mapping）通常是根據助聽的純音聽閾，而不是根據語音聽覺辨識的功能性評估結果。語調聽覺治療師可以分享她做音調性字詞測驗的結果給聽力師，以避免這種問題。因此，電子耳蝸對高音調性與低音調性的接收可以做適度的調整。

由於聽輔儀有寬頻的選項，電子耳蝸如果也有寬頻會較理想。Med EI 電子耳蝸採用植入位置較深的電極，刺激很寬廣的頻率。在聽輔儀的寬頻語音刺激後，Med EI 的電子耳蝸可能對於兒童會最有幫助，這種持續的寬頻語音刺激應該會提供很棒的語音辨識。

因為聽力損失的早期發現與電子耳蝸的早期植入非常重要，所以家長與主要照顧者對兒童的發展扮演很顯著的角色。語調聽覺法採用家長本位的方案，而有的家長面對的是嬰兒，有的家長面對的是幼兒。家長在方案中可習得如何運用觸覺振動語音輸入與雙耳擴音，家長在學習後，對於運用身體動作矯正兒童的語音錯誤會很在行，語調聽覺治療師負責在處遇早期提供家長密集的訓練。

當家長較難深入參與兒童的處遇時，語調聽覺治療師就需負起更多的責任幫助兒童聽覺發展，可能有需要提供這類型兒童個別課或小團體課程。因為語調聽覺法是聽覺本位策略，因此可運用在所有植入電子耳蝸的兒童，也可以運用在植入電子耳蝸的成人。持續的聽覺輸入會將兒童與成人語音聽覺接收發展達到最佳的程度。

## 行動方案：語調聽覺學校及中心

### •))) 國際語調聽覺方案

1954 年葛柏里納教授將外語教學策略做調整，拿來運用在聽覺損傷的兒童與成人，稱之為語調聽覺法（也稱為系統、取向）。這種方法被運用在克羅埃西亞薩格柏的聽力與言語中心，中心的工作人員包括說話、語言、聽力等專家，加上醫療團隊，一起提供完整的聽力與說話服務。服務包括聽力與醫療的診斷、聾與重聽兒童的學前與學齡方案、聽覺損傷成人的處遇、助聽器配置、前庭功能測試、聽力正常兒童的語言治療，以及外語教學方案等。此外，方案中都用到聽輔儀的耳機、過濾器、觸覺振動語音輸出等，因此個案可「聽到」目標音素，並且在聽到後自行矯正錯誤的語音。

1965 年，葛柏里納教授得到美國健康、教育及福利職業復健部門（U.S. Vocational Rehabilitation Department with Health, Education and Welfare）長達五年的語調聽覺研究經費（Guberina, 1972）。由於美國的經費補助，引起國際對此方法的興趣。薩格柏聽力與言語中心和薩格柏大學是語調聽覺法的教育與訓練中心，負責將這個方法做國際發展。例如，Paskvalin（1993）列出以 11 種語言書寫的 1300 篇已刊載的文獻。學生與專業人員參與工作坊，完成語調聽覺法規定的實習，將這個方法帶回各自的國家去實施。這個方法可運用在各種溝通問題，也包括外語教學。

過去半個多世紀以來（1954 年迄今），國際語調聽覺協會（International Verbotonal Association，簡稱 IVTA）經常性的舉辦研究與臨床研討會、工作坊與學術研討會等。IVTA 旗下包括了數個國際語調聽覺分會，例如，克羅埃西亞、義大利、法國、西班牙、俄羅斯、日本、巴西、哥倫比亞與美國等。這些國際協會都有提供語調聽覺訓練與證照。以美國為例，通過筆試與實習考試

者，美國語調聽覺協會就提供實施者或訓練者證書。通過認證的實施者具備提供語調聽覺服務的能力，而通過認證的訓練者則可擔任課程講師、督導受訓者，還可擔任諮詢者。

## ·)) 美國的語調聽覺方案

本書作者在俄亥俄州立大學（The Ohio State University）接受語調聽覺法的訓練（1963-1967），1967 年在田納西大學（The University of Tennessee）申請並且獲得臨床研究的經費，整體目標是評估語調聽覺法在美國的運用。第一項任務是將原來的語調聽覺法調整為適用於美國大學的臨床模式，使用補助經費進行廣泛的語調聽覺訓練，包括大學課程、工作坊、實習、蓬格柏的諮詢者與聽輔儀的使用。在大學中接受訓練的工作人員有語言治療師、聽力師及啟聰教師，對 40 個學前與學齡的聾或重聽兒童提供語調聽覺服務。這些工作人員也提供針對聽覺損傷成人的服務、聽力學診斷、聽力正常個案語言治療，以及外語口說課程（例如，以西班牙語、法語、德語、日語、葡萄牙語、英語為第二語言）。語調聽覺研究室自 1967 年在田納西大學成立，持續進行臨床研究方案。

1975 年，諾克斯郡立學校的聽覺服務方案，將語調聽覺大學中心模式調整為語調聽覺公立學校模式（Asp et al., 1990）。這項學校模式服務諾克斯郡立學校系統中的聾或重聽兒童。透過每個兒童的個別化教育計畫，語調聽覺法被融入普通學校的課程。方案的目標是將每個兒童的聆聽與說話技巧最佳化，並且回歸主流至普通班級。技巧較差的兒童在三歲時，先就讀自足班，逐漸回歸主流。技巧較好的兒童一開始就回歸主流，接受巡迴式服務。隨著近年電子耳蝸的進展，如果出生到三歲之間有接受聽覺本位的處遇，那麼這些兒童一入學就能全時間回歸主流。諾克斯郡立學校將語調聽覺法調整為公立學校模式很成功，教師與治療師對於使用此策略與工具都覺得很自在，家長對於方案的成功扮演著主要的角色。

1984 年，邁阿密戴德公立學校採用諾克斯郡立學校的模式，發展了語調聽覺方案（Strusinski, 1996）。來自諾克斯維爾的合格語調聽覺訓練師，為邁阿密的老師及治療師提供每年三次為期一週在職訓練的工作坊。這兩所學校有相似的語調聽覺方案，並且持續互動以改善其服務品質。然而不同的是，邁阿密戴德公立學校是一所很大的學校系統（總數有 50 萬人），而諾克斯則是較小的系統（總數為 5 萬人），其聽覺損傷個案人數分別是 450 人及 150 人；這兩所學校系統從學前階段到高中階段提供持續的語調聽覺服務。

1975 年起，開始出現語調聽覺私人臨床模式。其中一個模式即布朗特聽力與言語中心，提供服務給出生至三歲、學前至高中、成人聽覺復健、聽力正常但是說話困難兒童，以及透過個案的殘存聽力來發展其知覺的助聽器方案等。這些年來，這個方案的個案對助聽器的滿意度一直都非常高，這個臨床模式持續地被運用著。

## •)) 自由選擇及家長參與

專業人員或家長可自行選擇部分或全部的語調聽覺工具及策略。其他以相似創建或復健策略為基礎的聽覺口語方法，如果要用這些策略與工具，只要做一些調整就可使用。治療師、教師或家長的能力，是兒童能否獲得良好聆聽技巧的最重要因素，而這項能力可藉由兒童來學習增進，也就是從兒童的回應來了解哪些是有效的，哪些無效。多數成功的治療師與教師透過彼此的分享與成果的討論，得以持續進步。聽覺本位的臨床能力很難掌握，因此需要持續努力。簡言之，語調聽覺法可以只採用一部分或全部，並且可運用在學校或臨床方案各種溝通異常或溝通差異的兒童或成人。

文獻中已完善記錄了家長或主要照顧者在兒童發展中的無價角色。語調聽覺法提供家長教育的機會，並且鼓勵家長主動參與其子女聽覺、說話與語言技巧的發展。這個方法可做一些調整，使家長都能參與。當然，語調聽覺法最好的成效，來自服務的提供者與家長的共同努力。

## 摘要

　　本書呈現了處遇策略、工具及語調聽覺法的順序，本章強調兒童大腦與前庭─聽覺─語言模式之間的連結，此外，語調聽覺法廣泛地在全球及美國各地的中心與學校方案中被運用。

　　訓練有素的教師─治療師有錯誤分析與語音修飾的能力，能執行語調聽覺法，結合多專業團隊的資源與良好的個別化教育計畫。語調聽覺法調整後，可以用在嬰幼兒及學齡兒童的團體或個別的學習。如果要得到最好的結果，教師及治療師要運用所有的策略與工具，但是，他們可以自由選擇對兒童幫助最大的項目。

## 參考文獻

• Asp, C. W., & Guberina, P. (1981). *Verbotonal method for rehabilitating people with communication problems.* New York, NY: World Rehabilitation Fund, Inc.

• Asp, C. W., Kline, M., Duff, P. G., & Davis, C. (1990). Verbotonal method integrated into hearing services of Knox County School System, *SUVAG, 3,* 93-98.

• Guberina, P. (1972). *The correlation between sensitivity of the vestibular system, and hearing and speech in Verbotonal rehabilitation* (Appendix 6, pp. 256-260). Washington, DC: Office of Vocational Rehabilitation, Department of Health, Education, and Welfare.

• Palmer, L. L. (1999). *Stimulating maturity through accelerated readiness training (SMART).* Minneapolis, MN: Minnesota Learning Resource Center.

- Paskvalin, M. (1993). *Bibliography of the Verbotonal system.* Zagreb, Croatia: Poliklinka SUVAG.

- Rhodes, R. C. (1996). Discrimination of filtered CNC lists by normals and hypocusics. *The Journal of Auditory Research, 6,* 129-133.

- Rook, L. (2005). Personal communication.

- Strusinski, M. (1996). *Evaluation of the Verbotonal program* [Report to the Office of Educational Accountability]. Miami, FL: Miami Dade Public Schools.

# 詞彙

適應（accommodation）：眼睛由遠而近、由近而遠注視焦點變更的能力。

音響成分（acoustic feature）：聲音物理特質所形成的辨音成分，例如，具有高
　　頻率嘶聲的語音是嘶音的特質。

音響特性（acoustic property）：語音能被聽出的特質。

敏銳度（acuity）：在標準 20/20 視力表上測得的銳利度。

調適（adaptation）：構音器官的動作與聲道的形狀隨著前後語音而變動。

調適的反應（adaptive response）：針對環境的需求成功地做出適當的個別反應；
　　做出調適的反應要有良好的感覺統合，同時也會促進感覺統合的過程。

塞擦音（affricate）：一種構音方法，形成語音時，先阻擋後摩擦。

塞擦（affrication）：一種音韻過程，先阻擋再摩擦。

同位詞、同詞素的異形詞（allomorph）：有意義的語段在產出時，型態方面的
　　變化，但意義並未改變，例如，用 /s/、/z/ 或 /iz/ 來標示複數。

同位音、音素的變形（allophone）：某音素變形後所形成的語音，並未改變原
　　本的意義。

舌尖音、齒齦音（alveolar）：一種語音與構音部位，發音時，舌頭與齒齦邊緣
　　接觸。

先行事件（antecedent event）：在個案反應前的刺激。

前面的語音（anterior）：構音位置在 /ʃ/ 的前面，是一種語音與構音部位。

失語症（aphasia）：腦傷形成的語言異常，使得語言理解、語句與語用有部分
　　或全部的損傷；無法說話，有時理解口語或書面語有所困難。

失用症（apraxia）：欠缺練習或動作規劃；發生在孩童時，則是感覺統合的功
　　能失常，對於不熟悉的操作，在規劃與執行面會造成干擾。

言語失用症（apraxia of speech）：說話動作異常，會有不一致的替代、口語搜尋的行為，在連續說話時的困難比單一的語音或字詞來得高。

構音（articulation）：言語器官的動作，可修飾氣流而產生語音。

構音器官（articulators）：口腔內的物理結構，負責語音的產出（即唇、舌、齒、下頜與顎）。

構音成分（articulatory feature）：以語音構造器官的動作為基礎而形成的辨音成分，例如，前面的語音是指在口部前端所製造的語音。

送氣（aspirate）：在塞音的阻塞狀態之後，原先的閉鎖被打開，製造出耳朵聽得到的空氣爆裂聲。

同化作用（assimilation）：由於其他語音的特質，而將語音可以被聽到的特質做了一些修飾，於是先說出的語音會影響後面的語音，稱為順向同化，或是後面的語音影響前面的語音，稱為逆向同化。語音不見得要相鄰近，並且，被影響的語音甚至在說話時可以被省略。

同化過程（assimilatory processes）：一種音韻過程，將某個音素與鄰近的音素匹配而做了一些修飾。

聽覺的（auditory）：與聽的感受有關；與聽覺有關或透過聽覺而得到的經驗。

擴大溝通（augmentative communication）：任何足以支持、促進或擴大某個體溝通的設計，而此個體原本在所有情境都無法用言語做獨立的口語溝通。

自閉症（autism）：腦部異常的一種形式，影響到孩童去連結人、事與物的能力。

察覺聲音（awareness of sound）：透過有／無、長／短或大／小的區辨而注意到聲音的存在。

喃喃語（babbling）：在語言之前的行為，其特徵是音節式，並且以類似子音的聲音做開頭或結束。

後音（back）：一種構音部位，發音時，舌頭後縮。

語音後置、語音後移（backing）：一種音韻過程，以後子音取代前子音。

基準線（baseline）：在訓練或制約程序啟動前所記錄下來的行為。

行為探測（behavioral probe）：以測驗程序所測得的個案行為樣本。

叉形的懸雍垂（bifid uvula）：軟顎中線下緣延伸之橢圓形隆起物上的分岔或裂口。

雙唇音（bilabial）：一種語音與構音部位，發音時，雙唇或唇齒的一部分或全部關閉著。

雙目（binocular）：屬於兩眼的、與兩眼有關、運用到兩眼，或是適應了兩眼的併用。

雙目併用（binocularity）：視覺動作中同時用到兩眼。

以身體為共振體（body as a resonator）：整個身體都涉入言語的接收，大肢體（例如，腹部）對於低頻率的語音訊號有所反應，而小肢體（例如，頭部）對於高頻率有反應，當最有效率的接收（聽覺系統）受損時，整個身體對語音的接收就被強調。

以身體為傳輸體（body as a transmitter）：整個身體都涉入言語的表達，包括身體的緊張度與動作，以及構音器官。身體的狀態被認為會影響構音器官的狀態。

身體動作（body movements）：見動作治療（movement therapy）。

身體接收（body percept）：個體對自己身體的接收情形，包括儲存在腦中，對身體的感覺圖像或地圖，也可以稱為身體基模、身體意象或身體神經元。

雙臂交互擺動（brachiating）：用手臂從一端盪到另一端。

腦幹（brainstem）：腦部的最低與最內層，腦幹包括神經核，調節內在器官的功能、以整體方式啟動神經系統，以及從事基本的神經動作運作。

大腦移轉（brain transfer）：聽覺受損者能夠以有限的頻率反應去聽辨音素，即便某些音素已落在他能聽取的頻率之外。如此的能力是透過訓練與經驗而習得，移轉是腦部所進行的中樞處理，可用語調聽覺檢查法來測試是否有移轉現象，以及用來解釋在連續知覺中所出現的錯誤。

類化（carryover）：將構音訓練中使用某個目標音的能力，運用在處遇情境以外的功能性說話中。

類別知覺（categorical perception）：聆聽者將聽到的語音分類為特定的語音學類別，而言語的單位不能一部分是某個特定類別，一部分又屬於另一個類別。

中樞處理（central programming）：中樞神經系統的內在神經功能，不需要學習，用手與膝爬行及走路就是中樞處理動作的一個很好例子。

小腦（cerebellum）：腦的一部分，包圍在腦幹的後方，處理本體知覺與前庭知覺，幫助身體做出正確動作；也處理其他知覺。

大腦皮質（cerebral cortex）：大腦半球的外層，包括精準的感覺處理，尤其是視覺與聽覺的細節及來自身體的知覺；也負責執行精細的、自主的身體動作及說話，並且和思想、心智評量、目標有關聯。

大腦半球（cerebral hemispheres）：大腦的兩個大塊區域，在腦幹的上面與四周，它會將來自低層的感覺處理接續完成，並且協助產出自主的動作反應與行為。

大腦麻痺（cerebral palsy）：發展失能，主要的臨床特徵是欠缺動作控制。

顎裂（cleft palate）：結構異常，影響到唇部／齒槽／硬顎／懸壅垂等結構的組織、肌肉與骨骼。

音群減縮（cluster reduction）：一種音韻過程，子音音群中，省略了一個或更多個子音（例如，/pr/ 替代 /spr/ 或 /b/ 替代 /bl/）。

結合（coalescence）：是指兩個語音的特色被合在一起，形成第三個聲音，這是同化的一種形式，也稱為相互同化。

協同構音（coarticulation）：為了在連續說話時發出兩個不同語音，肌肉與構音器官同時做出動作，這個動作會修飾到鄰近的語音。

同時收縮（cocontraction）：關節附近的肌肉群同時收縮，以達到穩定的作用。

同根詞（cognates）：發音方法與發音部位相同，但是送氣特質不同的語音（例

如，/t, d/、/f, v/。

**溝通**（communication）：交流者之間互相編碼、傳送與解碼，以便交換訊息與想法。

**彌補語音的產出**（compensatory speech production）：說話者無法正常說出的音素，以另一個被接收時特質相近的音素替代。

**後續事件**（consequent event）：在個案反應之後，緊接著的刺激。

**子音**（consonant）：聲道明顯的或完全的壓縮所製造出的語音，可能在音節首或尾。

**子音音群**（consonant cluster）：在同一個音節中的兩個或更多個相近的子音。

**子音調和**（consonant harmony）：一種音韻過程，某個子音的產出被修飾，目的是和另一個被說出的子音之特質互相搭配。

**子音順序**（consonant sequence）：沒有被母音分隔開的兩個或更多的子音；這兩個子音可以跨越音節的界限。請與子音音群（consonant cluster）比較。

**子音獨群**（consonant singleton）：以母音或無音方式與其他子音區隔的單一子音。

**連續音**（continuant）：可以維持在穩定狀態的語音，是一種辨音成分。

**對比項目**（contrastive items）：成對的語音，其中一個是目標音，另一個是錯誤音。

**聚合**（convergence）：兩眼向內聚焦注視的動作，例如看著一個走過來的人。

**連音**（conversational juncture）：在構音訓練中，會話語句內，字詞之間的銜接。

**舌葉的**（coronal）：用舌葉發出的語音，是一種辨音成分。

**顱神經**（cranial nerves）：從頭部與臉部連接到腦部（不經過脊髓），再從腦部連到頭部與臉部的神經。

**線索**（cue）：提供給個案的暗示或建議，用來幫助他發出語音或矯正反應。

**循環**（cycle）：指的是時段，在這期間，錯誤的音韻型態被逐一列為目標音。

**去塞擦現象**（deaffriction）：一種音韻過程，發塞擦音時，起始欠缺塞音或釋

放時缺少摩擦音。

**深層測驗**（deep test）：一種構音測驗，用來辨識某個目標語音在何種脈絡會說錯與說對（促進的脈絡），這個目標音會在多種語音環境被評量。

**假牙**（dental prosthesis）：人造物，用來替代缺落的牙齒及維持正確的齒列。

**齒列**（dentition）：牙弓上的牙齒之組合與排列。

**去氣音現象**（devoicing）：一種音韻過程，以送氣音替代不送氣音。

**構音動作速率**（diadochokinetic rate）：構音器官（舌、唇等）動作的速率，測量快速重複音節的能力。

**漫射**（diffuse）：語音在口腔中被製造時向前傳的現象，包括雙唇音、唇齒音與齒槽音，非這類現象的則是顎音與軟顎音，是一種辨音成分。

**雙母音**（diphthong）：母音發音時，聲道形狀的改變造成共鳴特性的變化，兩個母音在同一個音節中被黏結在一起。

**方向性**（directionality）：了解上下、左右、前後等在空間中的方位，對一個側面的偏重，或以身體為基準的左、右概念，是方向性的基礎。

**異化**（dissimilation）：一種音韻過程，兩個相似的語音，在說出時盡量不要相似。

**辨音成分**（distinctive feature）：將音素予以定義的構音器官或音響的元素，每個音素都可被認為是一些特性的獨特組合。

**散布**（distributed）：指的是聲道結構的長度，比起以牙齒發ㄅㄊㄈ形成的狹窄結構還要長；是一種辨音成分。

**時距**（duration）：某件事存在或維持的時間。

**發音困難**（dysarthria）：由於神經系統損傷而錯誤發音，可能包括共鳴、構音、發音或韻律的損害。

**運動困難**（dyspraxia）：動作困難，功能欠缺現象比失用症（apraxia）輕微但是較普遍。

**耳朵訓練**（ear training）：見感覺接收訓練（sensory perceptual training）。

增音（epenthesis）：在兩個其他語音中插入聲音，會因此而比較容易發音，例如把 warmth 說成 /warmpθ/。

錯誤分析與矯正（error analysis and correction）：根據語音知覺參數分析孩童的語音，之後修飾下一個刺激音，來改進與／或糾正下一個反應。

(1) 間接的矯正可能包括動作治療，以之建立構音器官的正確動作，在這時期，孩童不知道何謂正確不正確；這種方式會幫助他維持語音的正常流動，而不會抑制他講話。

(2) 在孩童發展出口語控制與語音的自然流動時，就可以用直接矯正的方式。而他知道自己在被矯正，多數時候，這類方式都運用在個別治療中。

情緒表達（expression of emotions）：一種訓練的技術，運用孩童的情緒來引發自然的說話與接收。

擴展（extension）：將頸、背、手臂與腿伸直的動作。

褪除（extinction）：從使用正增強來制約，回歸到不使用增強物的基礎期。

眼手協調（eye-hand coordination）：眼與手共同完成作業的能力。

有促進作用的脈絡（facilitating context）：可促使語音更容易被正確說出的語音環境。

促進（facilitation）：一種神經過程，可促進神經的傳導或反應，相反現象是抑制。

視覺敏銳度（far point acuity）：20 英尺或到黑板距離的視覺敏銳度。

回饋（feedback）：在構音訓練中，運用感覺（聽覺、視覺、觸覺或本體覺）的訊息來監控語音的產出。

凝視（fixation）：快速地注視或引導眼睛從一個物件看到另一物件，例如逐行逐字地閱讀或一面看書一面抄錄筆記。

固定比例式的增強（fixed ratio schedule of reinforcement）：在一個固定次數的反應後，給予增強，也就是說，一次正確反應後增強一次，或是三次正確

反應才增強一次，或所選擇的任何次數。

**彎曲**（flexion）：把身體任一部位彎或拉。

**流程圖**（flowchart）：將目標依序安排。

**頻繁度**（frequency）：在單位時間內重複的次數。

**摩擦音**（fricative）：強迫不送氣或送氣的子音氣流通過被阻擋的聲道，空氣產生的激流製造摩擦的噪音或無週期的聲音。

**語音前置、語音前移**（fronting）：一種音韻過程，發出聲音時，在口腔內的位置比標準發音還前面（通常是在齒槽邊緣）。

**融合**（fusion）：一種雙目反應，也就是將兩眼同時看到的物體在腦部組成單一影像。

**滑音**（glide）：母音前的子音，其特色是快速從位置很高的前或後舌位，移動到後面接著的母音，雖然滑音有共振，但是由於位在音節首，也被認為是子音。

**滑音現象**（gliding）：一種音韻過程，此過程中，滑音被其他類型的語音取代（通常是流音）。

**整體**（global）：用自然的方法呈現語音，讓所有的音響參數都可以呈現。

**喉音**（glottal）：藉著聲帶的閉合而發出的語音，不具有聲道的共振特質，是一種語音與構音部位。

**聲門替換**（glottal replacement）：一種音韻過程，子音被聲門塞音取代。

**低沉的語音**（grave）：在口腔最前端（/p/、/b/、/m/）或最後端（/k/、/g//ŋ/）所發出的語音，是一種辨音成分。

**地心引力的不安全感**（gravitational insecurity）：一種異常的焦慮與壓力，起因是頭部位置或動作刺激前庭系統重力接受器所產生的感覺，不適當地被調節或抑制。

**觸知覺**（haptic）：觸覺本體覺。

**高舌位**（high）：以高舌位發出的語音，是一種辨音成分。

整體的（holistic）：強調部分與整體在功能上的關係。

同音異義詞（homonym）：聲音相同但是意義不同的詞。

同位音（homorganic）：同一個發音部位所說出的兩個語音。

過動（hyperactivity）：活動過多或有病態。

鼻音過多（hypernasal tone）：發音時鼻音過多。

抑制（inhibition）：一種神經過程，會減少某種突觸的傳導，導致脈衝被阻擋。
抑制對於神經活動的減少具有重要功能，不像心理學的其他領域，這個名
詞並沒有負面的意涵。

教學目標（instructional objective）：書面敘述擬達成的行為、在何種情形下行
為應該出現與正確行為的程度，與行為目標同義。

清晰度（intelligibility）：語音被他人聽懂的程度。

強度（intensity）：每個飽和單位上，力量或能量的大小。

個體間聽覺分辨（interauditory discrimination）：個案將某個目標音在他自己的
聽覺中所形成的意象，與另一個人所說出的聲音互相比較（通常是在感覺
訓練過程的分辨期中，與治療師的發音比較）。

中斷（interrupted）：語音的氣流在發音的某個時間點，全部被阻擋，是一種辨
音成分。

兩母音間的（intervocalic）：在兩個母音之間。

個體內聽覺分辨（intra-auditory discrimination）：在感覺訓練過程的分辨期中，
個案將某個目標音在他自己的聽覺中所形成的意象，與他自己所說出的聲
音互相比較。

口腔內的呼氣壓力（intraoral breath pressure）：在口腔內所蓄積的空氣，塞音
排出空氣時，需要有這股空氣壓力。

難懂語（jargon）：前語音的行為，特色是連接著發出的音節具有成人語調的
型態。

動覺的（kinesthetic）：對發音結構的位置或動作的感覺。

**唇齒的**（labiodental）：以下唇和上齒發出的語音，是一種語音與構音部位。

**迷路**（labyrinth）：希臘語的迷宮，這個字是指內耳複雜的骨質結構，包括了前庭與聽覺接收器。

**邊音**（lateral）：由於中線受到限制，以致氣流從舌的兩側釋出，是一種辨音成分。

**側向協調**（lateral coordination）：眼睛在水平方向的平衡。

**偏向一側**（laterality）：對身體兩側的內在知覺以及對左與右的判斷，在判斷空間方位時，以此知覺為基礎（例如，左右相反）。

**側化**（lateralization）：某些特定的處理在腦部某側的效率高於另一側，大多數人的右半腦處理空間與音樂較有效率，而左半腦則是言語與邏輯處理較有效率。

**放鬆的語音**（lax）：肌肉緊張度較少且發音時間較短的語音，是一種辨音成分。

**學習**（learning）：因為經驗而導致神經功能的改變。

**學習異常**（learning disorder）：讀、寫、算或學校的表現有困難，但是不是來自於視力、聽力、智力或注意力的損傷。

**邊緣系統**（limbic system）：在大腦半球中，與情緒性的行為及情緒性的反應有關，負責接收與處理來自所有感官的輸入訊號。

**舌尖音**（linguadental）：舌頭碰到或接近牙齒的語音，是一種語音與構音部位。

**舌音**（lingual）：以舌頭做為構音器官的語音，是一種語音與構音部位。

**語言學**（linguistics）：研究語言的學門。

**流音**（liquid）：子音，其構音器官只有部分摩擦，例如 /r/、/l/，也稱為半母音。

**流音簡略**（liquid simplification）：一種音韻過程，流音在發音時，只有滑音被說出，也稱為流音的滑動。

**移動**（locomotion）：身體從一個位置移動到另一個位置。

**對數圖**（logarithmic graph）：圖形中，區段的長度若相同，其比率也相同。

低音（low）：舌頭位置降低的語音，是一種辨音成分。

維持（maintenance）：在構音訓練中所要達成的目標音或語音類型，在訓練結束後，還能夠繼續正確說出。

上下牙齒的錯位咬合（malocclusion）：上下牙齒的關係異常。

構音方法（manner of articulation）：發出語音時，氣流被修飾的方法（例如，摩擦音或塞音）。

有標記的（marked）：一些特質，這些特質會讓語音較難被說出。

有意義的脈絡（meaningful context）：構音訓練時，運用實際的溝通情境發出語音。

旋律語調治療（melodic intonation therapy）：以誇張的語調幫助失語症病患流暢地說話。

後設語言（metalinguistics）：語言學的一支，與思考及語言的能力有關。

換位構成的詞（metathesis）：鄰近的兩個語音互換（例如，ask 說成 /æks/）。

移動（migration）：音韻過程，語音在字詞中向其它位置移動。

最小音差的對偶組（minimal pair）：兩個不同的字（即不同義），只有一個音素或一個辨音成分不同。

調節（modulation）：腦部對自體功能的規範，包括促進某些神經訊息，以便得到更多的接收或反應，並且抑制其他訊息，以免過度反應。

單眼（monocular）：涉及或影響一隻眼。

詞素（morpheme）：有意義的語言的最小單位。

詞素音位學（morphophonemics）：聲音組合成詞素的規則，這類研究即稱為詞素音位學，而這些規則與音韻規則及語法規則有關。

動作（motor）：與身體動作或姿勢有關。

動作控制系統（motor control system）：中樞神經系統中與構音計畫有關的動作編碼系統。

**動作執行系統**（motor execution system）：與語音產出有關的神經、肌肉及骨骼系統。

**動作計畫**（motor planning）：腦部醞釀、組織與執行一連串不熟悉的動作，也稱為練習。

**動作治療**（movement therapy）：為了刺激或矯正構音器官的動作而做的身體動作。其他相通名詞包括，身體動作、巨大動作及大肢體動作。

**多重感官**（multisensory）：允許以來自聽覺、視覺、觸覺、本體覺與動覺的所有可能線索來呈現言語，運用味覺、嗅覺、視覺、聽覺與觸覺管道的能力。

**多音節字詞**（multisyllabic words）：字詞中有一個以上的音節。

**肌肉類化**（muscular generalization）：一條肌肉或肌肉群影響到鄰近的肌肉，例如，身體肌肉的緊張度增加，會產生類化，使說話構音器官的肌肉緊張度也增加。

**鼻音**（nasal）：當口腔被阻擋時，鼻咽內的空氣會振動，而形成鼻音。齶咽口張開，使鼻音（ㄇ、ㄋ）的共鳴得以達成。

**鼻音共鳴**（nasal resonance）：當軟顎下降時，鼻聲道與口腔聲道連結，導致聲門音調被修飾。

**近端清晰度**（near point acuity）：視覺在 16 英尺或閱讀距離的視覺敏銳度。

**神經元的**（neurogenic）：起源於神經系統。

**神經元**（neuron）：神經系統的結構與功能，包括細胞本體、負責接收神經衝動的末梢，以及能夠發送衝動的纖維。

**多個神經核**（nuclei）：一群神經細胞本體，組織與統整感覺和動作能力，就某方面來說，可被視同為腦部運作的事務中心。

**眼震**（nystagmus）：一連串自動的、前後的眼部動作，不同的狀況會製造這種反射現象，製造此現象的常見方式是突然停止身體連續旋轉的動作，姿勢性眼震的時間長度與規律性是前庭系統效能的指標之一。

阻礙音（obstruent）：在口腔中製造氣流，以此方式形成的子音，包括不送氣音、送氣音、摩擦音與塞擦音。

閉合（occlusion）：上下齒的關係。

職能治療（occupational therapy）：一種專業，藉著有意義的活動來幫助個案形成適應型的反應，而讓神經系統的運作更有效率。

開放式音節（open syllable）：以母音而不是子音結束的音節，例如，to、saw、lie 等。

最適當的頻率反應（optimal frequency response, OFR）：在孩童或成人特定的學習時期中（進展狀態），能為他們製造最佳語音的頻率反應。聽輔儀與／或助聽器在訓練時，被設定在最適當的頻率反應，通常就是個案最敏感的聽覺區域。適當的訓練，聽力損失者可以學會辨識不在他聽覺頻率範圍內的音素。

最適當的音程（optimal octave）：可以讓某個特定語音（音素）得到最高辨識分數的音程頻帶。這個被過濾的音素聽起來和沒有過濾相似，例如，/i/ 以 3200 到 6400 Hz 過濾，聽起來還是像 /i/。最適當的音程是以一群聽力正常者的接收做基礎所得到的結果。

最適當（optimum）：見最適當的學習情境（optimum learning condition）。

最適當的學習情境（optimum learning condition）：在成人與孩童特定的學習時期中（進展狀態），可以為他們製造最佳反應（語音）的刺激與情境。

口語失用症（oral apraxia）：不能執行口部的動作，例如，吹、嚼、伸舌等植物性的動作、或舔嘴唇等自主性的動作。

機體性的構音異常（organic articulation disorders）：起因於身體的異常，影響到言語機轉的結構或功能。

口鼻細管（oronasal fistula）：硬顎中的小開口。

顎音（palatal）：藉著將舌頭接觸或靠近硬顎而發出的語音，一種語音與構音部位。

**硬顎圖**（palatogram）：將撒滿粉末的人造顎塞入口部，以之繪出發音中的舌頭動作圖形。

**語言無序、語言錯亂**（paraphasia）：由於音韻與語法錯誤而形成的構音錯誤，稱為語言無序的錯誤。

**局部麻痺**（paresis）：部分麻痺或肌肉衰弱。

**接收**（percept or perception）：感覺訊息進入腦部，感覺是客觀的，接收是主觀的（Sensations are objective; perception is subjective）。

**連續的接收**（perceptual continuum）：英語中的 43 個音素的音調性具有從低至高的連續性質，此連續特質在語段（音素）錯誤的分析中，可做為參照與矯正策略。

**接收的語音參數**（perceptual speech parameters）：語言訊息的語段與超語段分析法中，用做參照的變項：音調、響度、時距、緊張度、停頓、語調與韻律。

**咽部的摩擦**（pharyngeal fricative）：舌頭與咽壁的收縮，或是咽部的收縮，造成氣流的阻擋，形成摩擦音。

**咽部的塞音**（pharyngeal plosive）：舌頭與咽壁收縮後，氣流釋放，形成塞音。

**發音**（phonation）：聲帶振動，產出聲音。

**語音素**（phone）：語音的一部分，被認為是特定音素的一員或是代表某特定音素。

**音素**（phoneme）：一群被認為是同一類別的語音。在語言中，音素群被認為是組成語音的個別單位，或是在特定語言中十分獨特的語音（語段）。

**音素節奏**（phonemic rhythms）：語音韻律與動作治療的結合。

**語音環境**（phonetic environment）：在某個字或音節中的某個音素，其前後的語音。

**語音特質**（phonetic feature）：可以用音響或生理名詞來表達的語音屬性。

**語音學**（phonetics）：音韻學的分支，內容與個別語音、其產出，及書寫時的

代表符號有關。

**音韻知識**（phonological knowledge）：音韻或構音單位背後所代表的訊息。

**音韻的型態**（phonologic pattern）：語言學社群中，標準的成人語音型態。

**音韻處理**（phonologic process）：語音產出時被做了類別修飾，結果有別於成
　　人說出的語音，音韻處理通常會簡化 /s/ 的音節結構或是音素類別。

**音韻學**（phonology）：管控語言中聲音系統規則的學問，包括語音、語音的產
　　出，以及將語音組合成有意義的發音。

**語音規則**（phonotactics）：允許語音組合成音節的規則。

**構音部位**（place of articulation）：聲道為製造語音而在特定位置收縮。

**正增強**（positive reinforcer）：緊跟在反應後的刺激，可增加反應速率。

**後面的語音**（posterior）：主要的構音部位在口腔的後部或在聲門。

**姿勢的背景動作**（postural background movements）：身體細微的、同時的調整，
　　以達成手部明顯的動作，例如將手伸向略有距離的一個物體，這些姿勢的
　　調整有賴於前庭及本體輸入的良好統整。

**母音後的**（postvocalic）：在音節中的母音之後。

**語用學**（pragmatics）：語言在社會中的使用。

**練習**（praxis）：見動作計畫（motor planning）。

**預備群組**（preparatory set）：生物體自主的或反射的預備，用來對某個刺激以
　　某種特定方式做出反應，說話的預備群組可能包括了呼吸、發聲與構音系
　　統。構音中，某個被預期發出的語音，會帶來構音姿勢與動作的改變。

**母音前的**（prevocalic）：在音節中的母音之前。

**發音訓練**（production training）：構音訓練的一個時期，用來引發及建立一個
　　新的聲音群組，以替代個案原本錯誤的發音。

**循序漸進的教學**（programmed instruction）：教學的過程，教師已經為個案寫
　　好系統的教學，也提供了對這些教學正確反應的回饋。

**進展**（progression）：孩童為了要發展出好的言語，必須經歷的時期，每個時

期都與前一個有關也受其影響，學習的最適當情境因每個時期的進展而改變。

提示（prompt）：正確反應的示範。

傾斜（prone）：臉與腹部朝下的身體姿勢。

本體覺（proprioception）：拉丁字的「自己」，來自身體、關節的感覺，本體覺的輸入提供腦部有關身體每個部位在何時與如何做出了動作的訊息，例如，肌肉的收縮與伸長、關節的彎曲與伸直、或是伸與縮。

保護的伸展（protective extension）：手臂伸展的反射動作，提供了身體摔落時的保護。

懲罰物（punisher）：緊跟在反應後的刺激，可造成反應次數的減少。

閱讀技巧（readiness skills）：在學校中成功的基本技巧。

接收器（receptor）：對某種感覺能量敏感的一個或一群細胞，接收器會將刺激轉變成電子脈衝並且從感覺神經送到脊椎或腦部。

重複的喃喃說話聲（reduplicated babbling）：前語音的行為，其特色是由相同或相似的音節組成。

重複（reduplication）：一種音韻過程，不同的音節重複地說出。

反射（reflex）：對感覺輸入的一種內在與自主的反應。對於痛覺，我們有縮回的反射動作，感受到意外時的驚嚇動作，以及前庭輸入訊號時，將頭與身體向上伸的動作，其他還有多種反射動作。

反應的代價（response cost）：錯誤反應後，即刻拿走先前已獲得的增強物。

網狀核心（reticular core）：腦幹的中央核心，也是腦部最糾纏與複雜的部分，每個感覺系統都把脈衝送到網狀核心，之後再傳送到腦部的其他部位。

捲舌音（retroflex）：舌尖向後捲曲所發出的語音，是一種辨音成分。

圓唇音（round）：唇撮圓所發出的語音，是一種辨音成分。

規則（rule）：對語言某些層面的描述，語音（音韻）的規則是對語言中的聲音系統所做的描述。

掃視（saccadic）：眼睛做出的小、快速、跳躍的動作，例如注視物體時，從固定看著一個點再跳到另一個點（例如閱讀時）。

增強的時間表（schedule of reinforcement）：治療師在實驗中設計的時間表，用來決定要在幾次的正確反應後，可以給一次增強。

基模（schemata）：與環境互動所衍生的結構式記憶，其中包括互相關聯的知覺、觀念、社會、情緒，與身體的訊息。已存在的基模被用來處理與組織新的訊息。

腳本（script）：一連串動作或事件的基模。這些被類化的事件或例行的活動組成了基模的知識基礎，並且也是適當參與新舊情境的能力。

次級的增強（secondary reinforcer）：原本和原級增強（被制約的）匹配的刺激，後來得到了相似於原級增強對反應的效應。

語段（segmentals）：語言的個別語音成分，包括母音、雙母音與子音。就接收而言，每個語段（音素）都可以用一個語音的符號來辨識，並且其時間很短；語段不同於超語段。

自尊（self-esteem）：每個人如何看自己。

語義（semantics）：語言的意義。

半母音（semivowel）：語音的發出是藉著聲道做出形同雙母音從一種形狀轉變成另一種形狀的變化，雖然半母音有共振，但是被認為是子音，因為它在音節之首，也稱為流音（liquids）或滑音（glides）。

感覺輸入（sensory input）：電脈衝在身體內從感覺接收器傳到脊椎與腦。

感覺統合（sensory integration）：將輸入的感覺予以組織，以便運用。而運用可能是對身體或世界的知覺，或是適應式的反應，或是學習過程，或是某些神經功能的發展。透過感覺統合，神經系統的多個部分一起運作，於是個體能夠與環境有效地互動，並且經歷到滿足感。

感覺統合失能（sensory integrative dysfunction）：腦部功能不規則或失常，以致不能統整輸入的感覺。感覺統合失能是很多（但是不是全部）學習異常的

根源。

**感覺統合治療**（sensory integrative therapy）：根據孩童神經需求而做的治療，其中涉及感覺刺激及適應反應。治療通常包括全身的身體動作，以提供前庭本體覺與觸覺刺激，通常不包括坐在桌邊的操作、說話訓練、閱讀課程、特定接收的訓練或動作技巧。治療的目標是改進腦部對於感覺的處理與組織的方式。

**感覺接收訓練**（sensory perceptual training）：運用在構音訓練的技術，強調聽覺模式的發展，以之做為內在標準，就可與發出的語音互相比較。

**塑型**（shaping）：目標行為建立的方式是透過持續增強相近於目標的發音，直到能正確發出目標音。

**嘶音**（sibilant）：具有高頻率的嘶嘶聲響特質的摩擦音（例如，英語的 /s, z, ʃ, ʒ/，華語的ㄈ、ㄕ、ㄒ、ㄙ）。

**視覺能力**（sight）：看見物體的能力，是眼睛對於進入眼球的光線所產生的反應。

**情境遊戲或教學**（situational play or teaching）：創造真實或想像但是有意義的情境，能激發孩童自發的言語。用這種技術來建立意義，可增進語言的技巧。

**子音**（sonorant）：語音中可允許氣流不受阻擋地通過口腔或鼻腔，是一種辨音成分，音素包括母音、鼻音、滑音與流音。

**南加州感覺統合測驗**（Southern California Sensory Integration Tests, SCSIT）：一系列的測驗，用來評量感覺統合的狀態或失能的表現。

**特殊化**（specialization）：一般而言，腦部某個部分對某特定功能變得更有效率的過程，多數特殊化的功能都是側化，也就是腦部某一邊的功能比另一邊更有效率。

**言語**（speech）：為傳達口語而產出聲音的神經肌肉動力過程。

**語音韻律**（speech rhymes）：為了發展本體知覺與聽覺記憶廣度而寫的簡短韻文，通常是四句，呈現 2/2 或 4/4 次，其範圍從簡單的音節序列到複雜的

形式（以有意義的字詞組成），其他可替代的名詞包括言語韻律、音樂韻律、音樂刺激、韻律等。

**言語分辨**（speech sound discrimination）：分辨兩個聲音的異同，通常聆聽者要回答兩個聲音相同還是不同。

**穩定**（stabilization）：構音訓練的進展期之一，用來促進個案更容易與更快速發出目標音的能力。

**實體鏡**（stereoscope）：雙眼視覺訓練儀器的一部分。

**可刺激性**（stimulability）：個案透過模仿治療師誇張的示範而能正確說出目標音素的能力。

**刺激**（stimulation）：在訓練初期，教學者以言語及身體動作刺激孩童，增進他發音的能力，並且強化刺激與反應之間的連結。在這個時期中，治療師不糾正孩童的反應。

**刺激類化**（stimulus generalization）：一旦刺激與反應之間的制約達成，如果有相似的刺激呈現，就會出現特定的反應。

**刺激反應模式**（stimulus-response model）：一種訓練模式，治療師呈現刺激音（言語），孩童或成人的反應是模仿該刺激音，治療師分析該語音，之後可能是呈現同一個刺激音，或是修飾下一個刺激音，以便改進或矯正個案的反應。

**塞音**（stop）：構音的方法之一，特徵是氣流完整地被阻擋。

**阻塞**（stopping）：音韻過程，連續音被塞音取代。

**去除浮音**（stridency deletion）：音韻過程，與摩擦音及塞擦音有關的浮音被去除，以致發出的語音成為塞音或流音。浮音的去除通常與聲音的其他修飾有關，而不會單獨存在。

**刺耳聲**（strident）：發出語音時，由於強有力的氣流撞擊後齒（摩擦音、/f/ 與 /v/）而製造出的噪音，是一種辨音成分。

**結構**（structure）：七種參數的獨特組合，治療師呈現刺激音或反應時可加以

運用，治療師經過分析後決定各參數的程度與量。

**下黏膜裂**（submucous cleft）：硬顎或軟顎裂開，黏膜表面雖連在一起，但是底下卻是分開的。

**替代過程**（substitution processes）：音韻過程，也就是修飾音素的特徵，結果是以這個音素取代另一個音素。

**超語段**（suprasegmentals）：口語的變化，不侷限於一個音素或語音（例如，上揚的語調延伸到整個音節），超語段所提供的是音素的結構，可以被稱為韻律與音調。

**音節**（syllable）：以一個母音所形成的言語單位。子音根據音韻規則，可能在母音的前後出現。

**音節減縮**（syllable reduction）：音韻過程，指的是在多音節的字中，一個音節被刪除。

**音節結構過程**（syllable structure process）：音韻過程，指的是音節的形狀被修飾。例如，音素的增加或刪減，或是連同音節一起去除。

**突觸**（synapse）：兩個神經元以電化學方式接觸的點，並且在此處，神經衝動從一個神經元傳給下一個神經元。神經衝動要經過含有許多突觸的路徑，每個突觸都要處理這些神經衝動。

**語法**（syntax）：語言的規則，根據字詞的意義與關係，安排字詞的順序。

**系統的語音層次**（systematic phonetic level）：抽象的語音訊息，在構音時，它提供了動作控制系統的方向。

**觸覺**（tactile）：與觸覺或感覺有關，或從中得到的經驗。

**觸覺防禦**（tactile defensiveness）：感覺統合的一種失能現象，指的是觸覺造成過度的情緒反應、過動或其他行為問題。

**目標行為**（target behavior）：治療師所想要得到的反應。

**目標音素**（target phoneme）：被做為治療重心的錯誤音素，該音素可能代表著一個目標型態，因此被拿來做為目標，以促進該型態的發展。

**目標型態**（target pattern）：做為治療的重心，包括成人的聲音類別、音節形狀、順序。

**電子雙目儀**（telebinocular）：測驗視覺的儀器。

**緊張**（tense）：辨音成分，發出聲音時，肌肉的緊張度較大且持續時間較長。

**暫停**（time out）：把個案從可能可以得到正增強的情境中移出。

**音調性**（tonality）：個別語音（音素）的音高，例如 /i/ 比 /a/ 高，/s/ 比 /b/ 高。音高或音調性可被視同為頻譜音調，與音素的音色有關。

**僵硬性頸反射**（tonic neck reflex）：指的是當頸部轉向某側時，同側手臂的反射動作會將該手臂伸直，而對側手臂則彎曲。在生命最初期的幾個月，會統合成腦部的整體功能，但是在一些腦功能受損的孩童，則可能仍是過度活躍。

**追視**（tracking）：眼睛流暢地由一點移動到另一點的能力，例如，由左至右看著紙張上的文字。

**束**（tract）：細長的神經纖維，從神經系統的一個部位，將感覺輸入或動作反應的訊息傳送到另一部位。

**移轉**（transfer）：將習得的行為，由一個特定情境（例如治療）擴展到其他情境。

**未助聽情境**（unaided condition）：在不擴音的方式向個案呈現言語，聽輔儀、助聽器或電子耳蝸都沒有用到；這個情境被做為參照情境。

**不送氣**（unaspirated）：塞音的阻塞狀態被打開之後，沒有伴隨著空氣爆裂聲。

**潛在的音韻形式**（underlying phonologic form）：語音依據音韻原則衍生而出，是一種抽象的表徵。

**增強的變動比率表**（variable ratio schedule of reinforcement）：依據某個平均（不是固定值）答對的次數給予增強物，例如：當變動比率為三時，可能答對兩題就增強，另一次可能是答對四題就增強，以此類推；平均每答對三次給一次增強。

**富於變化的喃喃語**（variegated babbling）：前語音行為，連續說出的音節具有類似成人語調型態的特徵，也被稱為難懂語（jargon）。

**軟顎音**（velar）：舌頭靠近軟顎所發出的聲音，是一種語音與構音部分。

**顎咽閉鎖**（velopharyngeal closure）：軟顎與咽部的動作被用來關閉或隔開鼻腔與口腔，使氣流從口部而不從鼻部釋出。

**顎咽閉鎖不全**（velopharyngeal incompetence）：雖然外觀正常，但是無法透過軟顎與顎咽的動作將鼻腔與口腔分開的動作達到適當的程度，可能因此導致過多的鼻音。

**語調聽覺訓練儀**（Verbotonal Training Unit）：觸動覺與音響的過濾儀器，用來在教室中或個別處遇中訓練孩童或成人（內文簡稱聽輔儀）。

**垂直協調**（vertical coordination）：眼睛的上下平衡。

**前庭的**（vestibular）：與內耳功能有關，負責姿勢、平衡、肌張力與在環境中定位。

**前庭聽覺訓練儀**（Vestibular-Auditory Training Unit）：見語調聽覺訓練儀（Verbotonal Training Unit）。

**前庭雙側異常**（vestibular-bilateral disorder）：前庭反應低落所引起的感覺統合失能，其特徵是時間很短的眼震、身體兩側與腦部的統合差，以及閱讀與計算有困難。

**前庭神經**（vestibular nerve）：第八對腦神經的纖維，攜帶著前庭輸入的訊息，從重力接收器與半規管傳到前庭神經元。

**前庭神經元**（vestibular nuclei）：腦幹內的細胞群，處理前庭感覺輸入訊息，並且傳送到腦的其他部位，統整反應。這些複雜的訊息中心，也將前庭訊息與來自其他感覺管道的訊息予以統整。

**前庭接收器**（vestibular receptors）：偵測重力的拉扯與頭部的動作之感覺器官，它們的位置在內耳的迷路內，兩耳都有，結構包含位於小囊內的重力接收器與位於半規管內的動作接收器。

**前庭脊髓束**（vestibular-spinal tract）：神經通路，從前庭神經元到脊髓內的動作神經元，前庭脊髓訊息幫助維持肌張力、身體的直立，以及協助關節的伸張。

**前庭系統**（vestibular system）：會對頭部與重心的相對位置以及加速與減速動作做出反應的感覺系統。

**振動器**（vibrator）：放在個案的身體上（手、手腕、腿或頭），讓他感覺到治療師或他自己的語音型態。振動器表面的振動精確度與耳機內的振動膜相同，在語調聽覺法中，振動器是聽輔儀（語調聽覺訓練儀）的組成之一。

**音響板**（Vibro-sounding board）：一個光滑的板子，尺寸足夠讓一個小孩坐或躺在上面，他會感覺到治療師或自己的語音。當治療師對著麥克風說話時，振動器會啟動整個音響板。

**振動觸覺**（vibrotactile input）：個案透過連接在手部、手指或身體的觸覺振動器或音響板，而接收到的觸覺。

**視力**（vision）：孩童透過眼睛解釋與了解訊息的能力。

**視覺**（visual）：與視覺有關。

**似語音**（vocable）：前語音的發聲行為，在特定情境中發出形式一致的某種語音，不被視為真字，因為不是成人世界所使用的字詞。

**母音的**（vocalic）：與母音有關。

**發聲**（vocalization）：（1）音韻過程，指的是子音（通常是滑音或流音）被以母音的方式說出，也被稱為母音化。（2）發出的聲音不是口語。

**聲帶始動時間**（voice onset time）：從塞音釋放氣流到聲帶開始振動的時間差異。

**有聲的**（voiced）：聲帶有振動的語音，是一種辨音成分。

**無聲的**（voiceless）：聲帶沒有振動的語音。

**有聲語音**（voicing）：一種音韻過程，聲帶振動被加到無聲語音中。

**母音**（vowel）：聲道張開所發出的語音，音節的形成有賴於母音，因此被稱為構成音節的聲音（syllabics）。

國家圖書館出版品預行編目（CIP）資料

語調聽覺法：聽語及口語教學的應用／卡爾·埃斯伯
（Carl W. Asp）著；李昭幸，陳小娟，蔡志浩譯.
--初版.--新北市：心理，2018.04
面； 公分.--（溝通障礙系列；65038）
譯自：Verbotonal speech treatment
ISBN 978-986-191-821-1（平裝）

1.聽障教育　2.口語教學

529.67　　　　　　　　　　　　　　　　107003905

溝通障礙系列 65038

# 語調聽覺法：聽語及口語教學的應用

作　　者：卡爾·埃斯伯（Carl W. Asp）

校 閱 者：陳小娟

譯　　者：李昭幸、陳小娟、蔡志浩

責任編輯：李光苑

執行編輯：陳文玲

總 編 輯：林敬堯

發 行 人：洪有義

出 版 者：心理出版社股份有限公司

地　　址：新北市新店區光明街 288 號 7 樓

電　　話：(02) 29150566

傳　　真：(02) 29152928

郵撥帳號：19293172 心理出版社股份有限公司

網　　址：http://www.psy.com.tw

電子信箱：psychoco@ms15.hinet.net

駐美代表：Lisa Wu（lisawu99@optonline.net）

排 版 者：菩薩蠻數位文化有限公司

印 刷 者：辰皓國際出版製作有限公司

初版一刷：2018 年 4 月

I S B N：978-986-191-821-1

定　　價：新台幣 280 元